Das Coffee Shop Manifest

Wie man in der Gastronomie *überlebt*
und andere *Lebensweisheiten*

YUMI CHOI

First Printing: 2019

ISBN 978-3-00-063282-2

csm
Yumi Choi
Friedrichstrasse 123
10117 Berlin, Germany

www.coffeeshopmanifest.com

to all coffee lovers

Inhalt

Danksagung

Ich möchte an dieser Stelle allen Baristas danken, die je für uns gearbeitet haben. Was ich durch sie gelernt habe über das Unternehmertum, Kaffee als Handwerk und über mich selbst, ist unglaublich wertvoll gewesen. Ich danke dem fleißigen Team von *Bonanza* und allen Kunden von *Bonanza Coffee*, die uns über die Jahre stets die Treue gehalten und unterstützt haben. Ich danke zudem meinem früheren Geschäftspartner, der mich erst zum Kaffee gebracht hat. Ich wünsche ihm und dem Team alles Gute für die Zukunft und weiterhin viel Erfolg. Ich möchte ins Besondere der Familie Aguilar danken, die uns in all den Jahren mit Fleiß, Flexibilität und positiver Energie unterstützt hat.

Ohne die liebevolle Unterstützung meiner Familie hätte ich das alles nie geschafft. Ich danke meinen Eltern Sungnam Choi und Soon-Chun Oh so wie meinen Schwestern Sera und Nia.

Mein besonderer Dank gilt Atar und Choti.

Danke, dass es Euch gibt!

Einleitung

Ist Kaffee deine Leidenschaft? Träumst du davon, dein eigenes Café, Coffee Shop oder dein eigenes Kaffee-Geschäft zu eröffnen? Du hasst deinen alten Job und bist bereit für etwas völlig Neues? Und du durchstöberst bereits das Internet, Bücher und Zeitschriften auf der Suche nach Ideen? Oder bist du einfach nur generell an der Gastronomie interessiert und hast schon immer mal hinter die Kulissen gucken wollen?

Was auch immer dazu geführt hat, dass du nun dieses Büchlein in Händen hältst - ich bin sicher, dass du einen erkenntnisreichen und unterhaltsamen Ausflug in die Welt der Röstereien und Cafés machen wirst.

Nach der Lektüre wirst du wissen, ob du die nötigen Voraussetzungen und die richtige Einstellung hast, um ein eigenes Café zu eröffnen. Der kleine Ratgeber hinterfragt: Was musst du über dich wissen, um eine Chance auf dem Markt zu haben? Was sind die Faktoren für deinen Erfolg und was sind die Fallen?

Vor zwölf Jahren habe ich gemeinsam mit meinem damaligen Geschäftspartner einen der ersten Spezialitätenkaffee-Shops in Deutschland eröffnet. Da wir sehr schnell selbst mit dem Rösten angefangen haben, habe ich durch den Vertrieb unseres Kaffees unzählige Café-Neugründungen begleiten dürfen. Ich habe in vielen dieser Betriebe hinter die Kulissen geschaut und dabei hautnah miterlebt, was funktioniert und was nicht.
Die grundsätzlichen Erkenntnisse möchte ich nun gern mit dir teilen.

Anders als vielleicht die meisten in diesem Geschäft musste ich zu meinen ersten Coffee Shop erst überredet werden. Ich hatte mich gerade auf meine erste Kunstmesse vorbereitet, als mich mein Geschäftspartner in seiner ihm eigenen Überredungskunst überzeugte, meine Kunstkarriere doch für Kaffee aufzugeben.

Als unangepasste Berliner Untergrund-Künstlerin und aufmüpfiger Freigeist war ich herrlich unvorbereitet auf die Gastronomie. Sage und schreibe drei Tage Branchen-Erfahrung konnte ich vorweisen – als schnell gefeuerte Aushilfe in jungen Jahren. Ich hatte grüne Haare, war jedes Wochenende auf Demos und trug lila Plateauschuhe. Ich war ein ziemlich schrecklicher Teenager. Damals hatte ich dem Manager eines multikulturellen Cafés warme Cola serviert und im Streit darüber als Rassisten bezeichnet … Wie du dir vielleicht denken kannst, war für mich das Thema Gastronomie erst einmal gegessen.

Manchmal allerdings geht das Leben seltsame Wege. Nie hätte ich gedacht, dass ausgerechnet ich mehr als eine Dekade in der Gastronomie verbringen würde. Meine Unwissenheit, Naivität und Ignoranz gegenüber all den möglichen Gefahren und Konsequenzen haben letztlich dazu geführt, dass ich heute mit Stolz sagen kann:

Ich habe alle Fehler gemacht, die man so in der Gastronomie machen kann, und sitze auf einem riesigen Schatz voller Fehlschläge, Katastrophen und Niederlagen.

Ich habe natürlich auch so Einiges richtig gemacht. Zusammen mit meinem Leidensgenossen und Geschäftspartner habe ich mich immer wieder aufgerappelt, bin erfinderisch und fleißig gewesen und habe aus meinen Fehlern gelernt. Mit diesem kleinen Büchlein möchte ich erreichen, dass du von diesen Fehlern profitieren kannst. Falls du auch nur eine Sache für dich persönlich herausziehen kannst, hat es sich schon gelohnt.

Denk immer daran: Auch wenn die Gastronomie ein Geschäft des Lächelns und des Services ist – es ist ein knochenharter Job und ich möchte, dass du gewappnet bist für dein großes Abenteuer.

Ich wünsche dir übrigens, dass du viele eigene Fehler machst. Denn das ist immer noch einer der effektivsten Wege zu lernen. Aber es sollten eben schöne neue Fehler sein auf einem hoffentlich hohen Niveau.

Meine alte Firma *Bonanza Coffee* ist in den letzten zwölf Jahren zu einer kleinen feinen Kaffeemarke herangewachsen. Ich habe in dieser Zeit mit meinem ehemaligen Geschäftspartner und unserem Team zwei Cafés und eine Rösterei aufgebaut. *Bonanza Coffee Roasters* beliefert die gehobene Gastronomie in Berlin, verschifft Kaffee international und hat in der Vergangenheit immer wieder neue Impulse für die Kaffeeszene gesetzt. *Bonanza Coffee* ist vom Magazin Feinschmecker als eine der besten Röstereien Deutschlands gekürt worden und hat von „Tip Berlin" zwölf Mal in Folge die Auszeichnung erhalten, zu den besten gastronomischen Betrieben in Berlin zu gehören.

Bei *Bonanza* arbeitet ein eingeschworenes Team von Kaffee-Experten. So hat es unter anderem einen Deutschen Brewers Cup Champion und einen Deutschen Cuptasting Champion hervorgebracht. Es hat loyale und vor allem viele internationale Fans: Du kannst den Kaffee in London, Dubai oder Seoul trinken. Lifestyle-Magazine wie *GQ, Elle*, *Monocle* und *The Economist* haben über *Bonanza* geschrieben. *Bonanza* stand in der *Financial Times* und der *Bild*. Das Unternehmen hatte Kollaborationen und Events mit *Timberland, Greygoose* und dem *Soho House*. *Bonanza Coffee Roasters* ist eine kleine lokale Firma, hat aber über 50.000 Follower bei Instagram. Wer hier arbeitet, bleibt überdurchschnittlich lange, bringt sich hochmotiviert ein und findet oft Freunde fürs Leben.

Ich bin dankbar, dass ich als Mitbegründerin und durch meiner Arbeit maßgeblich zu diesem Phänomen habe beitragen können. Aber bin ich deshalb die geborene Gastronomin gewesen?

Nein, sicherlich nicht. Ich mag zwar Menschen grundsätzlich und das ist natürlich hilfreich im Servicebereich. Doch ansonsten habe ich mir alles erarbeiten müssen. Auch wenn das oftmals hart gewesen ist, hätte ich keine bessere Schule fürs Leben finden können. Denn wo sonst wird man mit so vielen unterschiedlichen Menschen und so abwechslungsreichen Herausforderungen konfrontiert?

Ich blicke auf Tausende von Gesprächen zurück. Ja, die Arbeit im Kaffee-Geschäft ist ein regelrechter Rausch an menschlichen Begegnungen! Trotz aller uns eigenen Schwächen und Fehler:
Wir, du und ich, alle bemühen wir uns sehr, wir regen uns auf, reagieren, lernen, bleiben stehen, reflektieren, hadern, halten inne und manchmal treffen wir hin und wieder mal auch die richtige Entscheidung.

Ich hoffe, dass dieses Büchlein eine deiner ist.

Und wünsche dir viel Freude beim Lesen!

Kapitel 1
Gastronomie ist nicht, was du denkst

Ich habe in den letzten zwölf Jahren viele Café-Eröffnungen miterlebt. Als Inhaberin einer Rösterei bin ich meist erst kurz vor der Eröffnung angesprochen worden, wenn es um die Auswahl des „richtigen" Kaffees geht.

Ich habe mit unzähligen Unternehmensgründern zusammengesessen. Dabei habe ich immer wieder erfahren, wie sich die angehenden Gastronominnen und Gastronomen ihr Café und das Café-Leben vorstellen. Die Vorstellungen ähneln sich sehr. Sie lassen sich ungefähr wie folgt zusammenfassen:

Es ist ein traumhafter Ort mit toller Einrichtung, so ganz nach meinem eigenen Geschmack. Dieses Café bin ganz ich. Es ist cool und gemütlich, es ist genau in dem Stil, so wie ich es liebe. Die Sonne scheint. Ich stehe entspannt hinter dem Tresen und lächele meinen zahlreichen und netten Gästen zu, die mir ebenfalls ein Lächeln schenken, glücklich über die herrlichen, selbstgebackenen, natürlich nur aus biologischen Zutaten hergestellten Kuchen. Es gibt Avocado auf Sauerteigbrot, Smoothies und leckeren Spezialitäten-Kaffee.

Ich biete was ganz Feines für meine Gäste, für nur wenig mehr Geld als in herkömmlichen Cafés. Ich unterhalte mich mit den Gästen: Ein kleiner Witz hier, ein Lachen da, wir sind beschwingt, es ist sauber und hell, meine Mitarbeiterinnen und Mitarbeiter sind voller Freude und Engagement, es läuft coole Musik und die Kasse klingelt ...

Zwei Wochen nach der Eröffnung bekomme ich verzweifelte Anrufe, weil man sich, um Zeit und Geld zu sparen, gegen die empfohlene Kaffeeschulung entschieden hat und gar nicht versteht, warum der Kaffee nicht schmeckt. Wenn ich vorbeikomme, ergibt sich dann eher dieses Bild:

Es ist betretende Stille, die Musik ist aus, was eine unangenehme Atmosphäre erzeugt. Der Chef ist so beschäftigt, dass er schlicht vergessen hat, auf Play zu drücken. Dieselbe Playlist ist allerdings auch schon fünf Mal gelaufen. Es steht schmutziges Geschirr sichtbar herum, die Tische sind nicht abgeräumt, geschweige denn abgewischt. Es sind kaum Gäste da, trotzdem sieht es so aus, als wäre hier gerade eine Armee eingefallen. Diejenigen, die da sind, warten schon eine geraume Weile darauf, bestellen zu dürfen oder zu bezahlen. Die Situation ist ANGESPANNT.

Das neue Personal und der Besitzer versuchen, das Essen so zu servieren, wie sie es sich so schön ausgedacht und auf der Karte liebevoll fotografiert haben. Der Schweiß steht ihnen auf der Stirn. Sie sind so hastig, dass alles unansehnlich schief und krumm auf dem Teller landet – und nichts gleichzeitig serviert wird. Das Arbeitstempo ist unrhythmisch. Das Personal vergisst, nicht unsichtbar zu sein, und raunzt sich gegenseitig an. Die wenigen Gäste übersehen die Situation wohlwollend.

Um die Kaffeemaschine herum schwirren Fliegen. Sie setzen sich fröhlich in die Milchpfütze, die sich unter der Dampfpflanze der Espressomaschine gebildet hat. Ein dreckiger gelber Lappen liegt auf dem Tresen.

„Darf's ein Kaffee sein?" – „Ja, gerne, ein Cappuccino, bitte!" Ein gequältes Lächeln des „Baristas", Wangen gerötet. Die Mühle geht an, ein Knopf wird gedrückt und der Kaffee fällt wie die Niagarafälle aus dem Siebträger. Die erdrückende Stille wird nur von dem kreischenden *und quietschenden Geräusch des Milchschäumers unterbrochen. Der Kaffee in der Tasse schwappt über, als sie mir gereicht wird. Der Cappuccino hat keinen Schaum.*

Realität. Checked!

Was ist hier nicht nach Plan verlaufen? Was ist hier passiert, das sich die Unternehmensgründer vor zwei Wochen noch nicht haben vorstellen können?

Ganz einfach: Sie stecken noch in ihrem statischen, linearen Denken fest. Sie denken: Ich mache die Arbeit A, B und C, dann ist diese Arbeit erledigt und ich gehe über zu den Arbeitsschritten D, E und F. In ihrem „früheren Leben" als Angestellte hat das immer funktioniert. Die Dinge, die sie haben meistern müssen, sind immer überschaubar gewesen.

Die Gastronomie aber ist eine grandiose Show, in der alles gleichzeitig passiert! Und diese Show geht nicht nur zwei Stunden, sondern nonstop, jeden Tag, vom Aufschließen des Geschäfts bis zum Ladenschluss.

Ein Café ist eine Bühne, in der alle Akteure zusammenarbeiten und gemeinsam mit den Kunden ein interaktives Theaterstück aufführen.

Die Betreiber sind Jongleure, denen die Gäste und viele andere immerzu neue Bälle zuwerfen. Wer dabei einmal ins Straucheln gerät, löst eine Kettenreaktion aus. Das Ergebnis ist Chaos.

Wer also nicht weiß, dass er ein geschulter Akrobat sein muss, der flexibel auf alle Ereignisse und Menschen eingehen und dabei Bestellungen aufnehmen, zubereiten, Tische abräumen, abwischen, den Service und die Kundenkommunikation jonglieren können muss, erlebt dann eben sein blaues Wunder. Den wenigsten Anfängern ist bewusst, dass sie sich in einem wahren Zirkus befinden und was sie tatsächlich zu leisten haben.

Sie haben einfach keine Ahnung. Die tatsächlichen Abläufe, all die kleinen Handlungen im Hintergrund, die letztendlich zu dem eleganten „Tanz" eines eingespielten Teams führen, haben sie früher als Gast gar nicht mitbekommen. Sie haben nur die Oberfläche gesehen und genau hier liegt die Krux. Von außen sieht man nur ein Zehntel von den Handlungen, Systemen und der Kommunikation, das nötig ist, um es rundlaufen zu lassen.

In gutlaufenden Lokalen sieht es so leichtfüßig und elegant aus; aber genau diese Leichtigkeit ist das Ergebnis einer harten und durchorganisierten Arbeit im Hintergrund. Sie steckt immer hinter dem Lächeln des Café-Managers, Baristas, Besitzers und Gründers. Du müsstest das ebenfalls erst einmal meistern …

sonst, aus die Maus!

Viele verlieben sich in die Oberfläche, das Flair, die Bühne eines Cafés, sehen aber nicht, dass dies das Ergebnis Zigtausender kleiner Handlungen ist, die letztendlich die Oberfläche überhaupt so attraktiv aussehen lassen.

Deshalb die entscheidende Frage:

Weißt du wirklich, auf was du dich einlässt? Hast du dich mit den harten Realitäten des Gastronomie-Geschäfts auseinandergesetzt?

Bist du dir darüber bewusst, dass du schon ein wenig das Drama und das ganze Auf und Ab lieben musst? Dass die Arbeit brutal hart sein kann und sich dein Leben schon allein durch den Umstand verkompliziert, dass du so viel mit Menschen zu tun hast?

Das Gastronomiegeschäft ist risikoreich, hat wegen steigender Lebensmittelkosten, Verderbs und saisonaler Schwankungen weniger hohe Margen, als sich normale Gäste vorstellen können. Es ist zudem nur bedingt skalierbar – wenn man nicht von Anfang an auf Systemgastronomie setzt.

Rechne mit langen Arbeitstagen, hohem administrativem Aufwand, starken Schwankungen im Umsatz, erheblichen Fluktuationen beim Personal und anstrengendem Umgang mit viel zu vielen Behörden. Am Ende des Monats erzielen die Allerwenigsten ein richtig gutes, also komfortables Einkommen. Du wirst durch Catering, eigenes Backen, Events oder Rösten hinzuverdienen müssen. Am besten hast du gleich drei Locations und entwickelst damit eine Marke und Produkte, die du an Großkunden weiterverkaufen kannst. Oder du setzt von Anfang an auf den Verkauf deines Ladens mit Gewinn nach einigen Jahren.

Die Anforderungen an den modernen Neugastronomen sind enorm. Noch nie haben die Produkte so hochwertig sein müssen, der Service und das Design so gut, die Location top, das Konzept stimmig, das Social-Media-Marketing so effektiv und die Finanzen so solide gemanaged.

Nach all meinen Vorbehalten denkst du nur: Ja ja, okay, ich weiß, aber jetzt erst recht!

Wow, herzlichen Glückwunsch, dann bist du anscheinend wohl dickköpfig und verrückt genug, um in den erlauchten Kreis der fantastischen Gastronomen aufgenommen zu werden.

Mit dieser Einstellung …

**hast du vielleicht …
eine Chance!**

Kapitel 2
Aller Anfang bist du

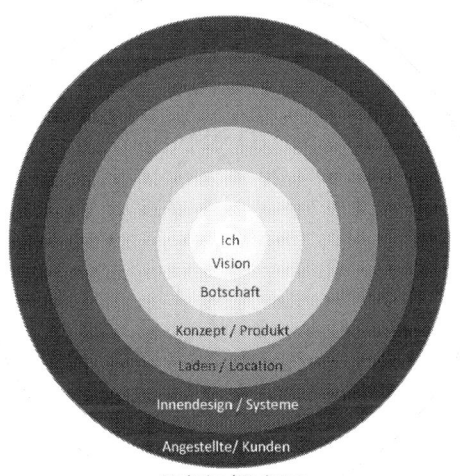

Von innen nach außen.
Alles fängt mit dir selbst an.

Wie du in der Abbildung siehst, bist du der Anfang aller Dinge: der Stein, der in das Wasser der Realität geworfen und seine Kreise ziehen wird. Du bist der Ursprung des Cafés, der- oder diejenige, die oder der alles zu entscheiden hat, alles entwirft und in die Realität umsetzen wird.

Es ist aufregend und befreiend, endlich sein eigener Chef zu sein und einen Ort dein Eigen nennen zu können, der deiner Vision entspricht: ein Ort mit Stammgästen, Geschichten und unzähligen Gesprächen mit unterschiedlichsten Menschen.

Deshalb ist es so wichtig, dass du weißt, wer du bist, für was du stehst und was du in die Welt bringen möchtest. Die Qualität deiner Selbsterkenntnis wird darüber entscheiden, wie klar du deine Vision kommunizieren und damit erfolgreich umsetzen kannst.

Beschäftige dich also mit den folgenden Fragen an dich selbst :

1. Was sind meine Stärken?
2. Was sind meine Schwächen?
3. Wer und was sind meine Ressourcen?
4. Wer oder was sind meine Energiesauger oder Anti-Ressourcen?
5. Was ist mein Warum? Was treibt mich an? Was ist es, dass ich unbedingt in die Welt bringen will?

Was sind meine Stärken?

Deine Stärken sind das Fundament, auf dem du aufbaust. Jeder hat Talente und positive Eigenschaften. Für dich sind das in diesem Zusammenhang die Dinge, die du in petto hast, egal was passiert. Dein Bewusstsein für deine Stärken ist dein Kapital, aus dem du Kraft schöpfst, die kommenden Herausforderungen anzugehen und zu meistern.

Zu meinen Stärken zählt zum Beispiel, dass ich gerne lerne, neugierig bin und ein unverbesserlicher Optimist bin. Von Haus aus bin ich eine kreative Künstlerin und Chaotin. Als die Buchhaltung und das Management des Teams auf mich zukamen, habe ich ein entsprechend heilloses Durcheinander fabriziert. Ich bin total überfordert gewesen und wenn es auch zu diesem Zeitpunkt zum Haareraufen gewesen ist: Ich habe nie den Glauben daran verloren, dass ich das irgendwie lernen kann. Ich habe mir also Bücher über Produktivität und Management besorgt und mich da durchgeackert mit dem Endergebnis, dass ich nach ein paar Jahren nicht mehr selbst im Laden habe stehen müssen und später auch nicht mehr im Tagesgeschäft benötigt worden bin.

Sei großzügig mit dir und schreibe deine beruflichen Erfahrungen, positiven Eigenschaften, dein Wissen und deine Talente auf. Vielleicht kannst du gut mit Menschen, bist charmant, gut im Kopfrechnen oder hast einen starken Willen. Möglicherweise bist du kreativ oder gut in der Recherche. Was immer es ist: Wenn du in einer Situation vollkommen gefordert bist – und das wird dir als Selbstständigem garantiert passieren –, besinn dich auf deine Stärken und nimm sie als Ausgangspunkt für alle deine weiteren Schritte.

Was sind meine Schwächen?
Eins vorweg: Niemand ist perfekt. Bei diesem Punkt wird vielmehr deutlich, wo du dir Hilfe in Form von Spezialisten, Partnern oder anderen Hilfsmitteln holen solltest. Diese „Schwächen" sind nicht in Stein gemeißelt. Sie bedeuten nicht, dass du für immer in diesem Bereich Unterstützung brauchst. Aber in diesem Moment sind es eben deine Schwachpunkte.

Als bei meiner alten Firma der Moment kam, in dem wir eine Rösterei und unseren Großhandel aufbauen wollten, war es mir zum Beispiel ein Rätsel, wie man Geld von den Banken bekommt. Unsere damalige Hausbank hat uns nur ausgelacht. Wie zum Kuckuck bekommt also ein Kaffee-Geschäft einen Kredit von einer Bank – dazu noch ein junges Unternehmen? Meine Schwäche: Ich hatte keinen blassen Schimmer, wie man sich Kapital beschafft. Woher sollte ich als Künstlerin auch wissen, wie man mit den Banken spricht, wie man die Unternehmenszahlen so präsentiert, dass ein Banker sie versteht und obendrein auch noch positiv beurteilt?

Ich habe mich deshalb um einen Finanzcoach mit dem Spezialbereich Gastronomie bemüht. Die Zusammenarbeit mit ihr hat es uns ermöglicht, über die Jahre hohe Investitionskredite zu erhalten – Geld, das für das Wachstum absolut entscheidend gewesen ist.

Bist du dir deiner Schwächen, Wissenslücken und der fehlenden Expertise in bestimmten Bereichen bewusst und weißt das klug auszugleichen, bist du schon einen großen Schritt weiter. Deine Schwächen zu kennen, ist deine Stärke!

Wer und was sind meine Ressourcen?
Was ist dein Status quo? Wer und was sind deine Ressourcen? Du solltest dir, aufbauend auf die vorige Frage, eine Wunschliste mit weiteren Ressourcen aufschreiben, und dich auf den Weg zu machen, sie zu finden.

Je mehr Ressourcen du hast, desto besser bist du auf alle Eventualitäten vorbereitet, beispielsweise schwierige Mietverhandlungen, Probleme mit den

Lieferanten oder Kunden, unerwartete behördliche Auflagen, längere Stressphasen als gewohnt, erhöhter Leistungsdruck, plötzlicher zusätzlicher Finanzierungsbedarf, Probleme mit dem Personal, Designfragen, Marketing, schnelleres Wachstum als geplant usw.

Deine Ressourcen könnten

- ein gutes soziales Netzwerk, Familie und Freunde, die dich unterstützen, aber nicht einengen;
- eine gute Steuerberatung;
- eine gute Immobilienmaklerin bzw. ein guter Immobilienmakler;
- ein gutes Design-Büro;
- ein Existenzgründercoach oder Unternehmensberater;
- gute Webseiten zu Themen, die für dich wichtig sind;
- eine Bank, die kleine und Kleinstunternehmen unterstützt;
- ein guter Kaffeepartner;
- eine Kaffeeschule;
- Mitgliedschaften in Verbänden oder Nichtregierungsorganisationen;
- Zulieferer;

und so weiter sein.

Wer oder was sind meine Energiesauger und Anti-Ressourcen?

Vermeide Leute oder Aktivitäten, die dir Energie rauben, dich behindern oder ihre eigenen Ängste auf dich projizieren.

Meine Eltern, bei aller Liebe, haben sich immer große Sorgen gemacht, das es nicht klappt und ich eines Tages hochverschuldet insolvent gehe. Zum Selbstschutz habe ich komplett auf Durchzug geschaltet und bin in den nächsten Jahren nur noch zu den wichtigsten Familientreffen erschienen.

Es gibt auch Leute, die nie selbständig waren, aber Tausend gut gemeinte Ratschläge haben. Sich mit deren vermeintlich gut gemeinten Ratschlägen auseinanderzusetzen, aber im Grunde geht es nur um ihre eigenen Ängste, saugt dir nur wertvolle Energie – Energie die du für den Aufbau deines Unternehmens brauchst.

Vermeide unnötigen Kontakt oder Konfrontation mit dir schon bekannten Energiesaugern. Du brichst jetzt aus deiner Komfortzone aus, und aus wohlgemeinter Sorge, wollen dich deine „Liebsten" in deiner alten „sicheren" Welt halten.

Jetzt ist es aber an der Zeit deinen eigenen Weg zu gehen.

Glaube an dich selbst und deine Stärken und vermeide Situationen und Menschen, die dich runterziehen und Zweifel an deinem Erfolg schüren.

Was ist dein Warum? Was treibt dich an? Was ist es, dass du so unbedingt in die Welt bringen willst?

Je klarer dir ist, warum und für was du überhaupt in die Schlacht ziehst, desto besser. Erst wenn dein Ziel groß genug ist, wirst du die nötige Motivation – und vor allem das Durchhaltevermögen – entwickeln können, die du brauchen wirst, um die bevorstehenden Aufgaben zu meistern.

Meine eigenen bescheidenen Ziele waren, dass

- wir den besten Kaffee der Welt machen,
- wir die beste Rösterei auf dem Planeten haben und
- dass ganz Deutschland besseren und gesünderen Kaffee trinkt.

Ich habe noch nicht alles davon erreicht, aber um Friedrich Nietzsche zu zitieren:

„Ziele nach dem Mond. Selbst wenn du ihn verfehlst, wirst du zwischen den Sternen landen."

Das ist besser, als dich an deinem gegenwärtigen, unmittelbaren Erfahrungshorizont zu orientieren. Das würde nämlich dazu führen, dass sich deine Ergebnisse nur in deinem jetzigen Rahmen deiner Vorstellungskraft manifestieren. Wenn du schon so viel Mühe hineinsteckst, dann soll es doch so großartig werden wie möglich, oder?

Je größer dein Ziel, desto mehr Sinnhaftigkeit wird in allem stecken, was du tust. Dann werden auch mühsame oder langweile Aufgaben als Teil der Reise interpretiert. Du wirst mit einem dich im Kern wirklich bewegenden Grund viel weiter-kommen, eine klarere Sicht haben und bessere Entscheidungen treffen können.

Wenn dein Warum so lapidar ist wie
Ich hab meinen alten Job nicht gemocht. Ein Café zu haben, erscheint mir einfach und interessant. Ich ertrage meine jetzige Lebenssituation nicht und will etwas Neues!, dann tu dir, deinem Partner und deiner Familie bitte einen großen Gefallen und mach etwas anderes.

Auch wenn du der Anfang von allem bist, sei dir schon ganz am Anfang darüber bewusst, dass du langfristig dein Konzept, deine Strukturen, deine Entscheidungen immer mit dem Ziel verfolgen solltest, dass das Geschäft am Ende ohne dich läuft. Dein Ziel ist es, ein gesundes Unternehmen aufzubauen – und nicht dein eigenes Gefängnis für die nächsten Jahre.

Kapitel 3
Die 5 Herausforderungen

Du hat sicher gemerkt, dass ich so Einiges versucht habe, um dich davon abzubringen, den Weg in die Gastronomie einzuschlagen. Deine Eltern werden mir dafür dankbar sein. Aber wenn du das Buch jetzt immer noch in den Händen hältst, bin ich wohl nicht sehr erfolgreich damit gewesen.

Gut, nun denn: Du bist anscheinend auf deinem Weg und nicht davon abzubringen.

Alles, was ich jetzt noch tun kann, ist, dir auf deinem Weg ein paar Tipps und Tricks mitzugeben. Du hast so viele Bereiche, auf die du dich in Zukunft fokussieren musst, dass du Disziplin, Umsicht, Aufmerksamkeit und einen gesunden Kampfgeist brauchst, um mit deinem Unterfangen erfolgreich zu sein.

Hier also zum besseren Verständnis die fünf Herausforderungen auf die du dich eingelassen hast:

1. Du bist maximal angreifbar, weil du im öffentlichen Raum agierst.

Du hast mit weitaus mehr Behörden und damit Vorschriften zu tun, als wenn du zum Beispiel in einer Online-Agentur arbeitest oder Klamotten verkaufst. Du hast Vorschriften zu befolgen vom Lebensmittel- und Hygieneamt, Bauamt, Straßen- und Tiefbauamt, Ordnungsamt, Zoll, Umweltamt und – natürlich – Finanzamt.

Jede Behörde kann Ärger machen und dich mit Vorschriften überraschen, von denen du nicht gewusst hast. Du musst dich informieren und den Vorschriften entsprechen, aber darfst dich auch nicht von deinem eigentlichen Geschäft ablenken lassen. Du kannst in Deutschland 24 Stunden am Tag mit dem Erfüllen von Vorschriften beschäftigt sein, es bringt dir aber weder Geld ein, noch bringt es dich sonst irgendwie weiter.

2. Du bist angreifbar, weil du mit Bargeld arbeitest.

Unternehmen mit viel Barverkehr haben häufiger Steuerprüfungen. Überforderte Gastronomen haben vielleicht unwissentlich Fehler bei der formalen Buchführung gemacht, sind also schlampig mit ihrer Buchführung und Beweispflicht – und bumm: Gerade hat man sich noch auf ein bisschen Profit gefreut, da kommt die stressige Betriebsprüfung und man wird auf horrende angebliche Schwarzgeldbeträge geschätzt, die man jetzt nachzahlen soll.

Hier nun das Geheimnis der „alten Schwarzgeld-Gastronomie" in Deutschland: Du hast dich schon immer gewundert, wie das Essen und die Getränke so günstig angeboten werden können?
Viele nehmen das billige Essen gerne in Anspruch, aber wissen nicht, was alles nötig ist, um diese Preise anbieten zu können.

Nicht nur, dass billig eingekauft werden muss und die Qualität darunter leidet – für die Gastronomen der alten „Schwarzgeld-Schule" würde die Rechnung gar nicht aufgehen, wenn sie ihr Personal bezahlt, alle Kosten abgezogen und vor allem ihre Steuern abgeführt haben.

Ein bestimmter Prozentsatz wird deshalb am Finanzamt vorbei eingenommen. Die neue Kassenverordnung, verschärfte Kontrollen beim Personal und allgemein die neue digitale Totalkontrolle machen es inzwischen immer schwieriger bis unmöglich, weiter so zu operieren.

Die neuen Gastronomen sind vollkommen ahnungslos mit ihrer schicken cloudbasierten Onlinekasse, melden alle ihre Mitarbeiter vollkommen transparent und ordentlich an und bezahlen sie fair, wie es ja auch sein soll, orientieren sich an den Preisen in ihrer Straße, nehmen also dieselben Preise wie die Nachbarn und wundern sich, dass sie am Ende des Monats nichts oder weniger als nichts in der Tasche haben.

Denn die neue Gastronomie in Deutschland kann nicht nach den alten Spielregeln funktionieren. Sie muss durch bessere Qualität, mehr Kreativität, höhere Preise, besseren Service, bessere Produkte, einam erweiterten Produkt- und Service-Angebot, Steueroptimierung, sowie bessere Organisation und Optimierung punkten.

Selbst die erfolgreiche Gastronomie hat es schwer, mit den tatsächlichen realen Gewinnmargen über die Runden zu kommen. Man sieht erfolgreiche Konzepte und wundert sich, dass die Gastronomie trotzdem nach einigen wenigen Jahren schließt.

Es sieht von außen besser aus, als es ist: Unsere grandiose gastronomische Show läuft auf dünnem Eis und ist immer in Gefahr einzubrechen.

Damit die Gastronomen weiterhin gut ihre Gäste versorgen können, sie ihrer ehrenwerten Arbeit nachgehen können, müssen sich die Menschen im Land wohl langfristig an höhere Preise gewöhnen.

3. Du bist angreifbar, weil du auf Personal angewiesen bist, dem du keine feste Arbeitsstelle, kein hohes Gehalt und kaum Sicherheiten bieten kannst.

Höchstwahrscheinlich wirst du deinen Angestellten kein überdurchschnittlich gutes Gehalt zahlen können, weil deine Einnahmen das nicht ermöglichen.

Feste Arbeitsverträge kosten mehr Geld und bedeuten gleichzeitig eine große Verantwortung. Oft wirst du mit Teilzeitarbeitnehmerinnen und -nehmern anfangen, am kostengünstigsten sind Studierende; die aber haben Prüfungen, Auslandsaufenthalte und eine ganz andere Karriere im Sinn. Auch bei den Verlässlichsten unter ihnen kommt es deshalb zu Lücken in der Personalplanung.

Viele Gastronomen haben somit Probleme mit der Personalbindung. Sie müssen zeitintensiv Personal finden und immer wieder aufs Neue einarbeiten.

4. Finanzmanagement: zu verstehen, dass man durch die täglichen Einkünfte dazu verleitet wird, aus dem Cashflow zu bezahlen.

Der neue Gastronom jongliert mit so vielen Bällen gleichzeitig und ist so ins Tagesgeschäft eingebunden, dass ihm oft die Übersicht über seine Finanzen fehlt. Es ist ja auch verzwickt: Du hast tägliche Brutto-Einkünfte, die abzuführende Umsatzsteuer ist noch in deinen Händen. Das sieht vielleicht ganz gut auf deinem Konto aus, aber Vorsicht, lass dich nicht verleiten! Die Umsatzsteuer in Höhe von 7 oder 19 Prozent gehört dir nicht wirklich.

Deine Mitarbeiter sind noch nicht bezahlt, das Geld musst du für den nächsten Monat zurücklegen. Hast du die möglichen Steuervorauszahlungen im Blick? Die Umsatzsteuer? Die Gewerbesteuer? Die Einkommensteuer?

Weißt du, wie viel Profit du nach Abzug der Ausgaben für Miete, Nebenkosten, Versicherungen, Personal, Steuern und Steuerberater noch machst? Ist es genug, um auch dich fair zu bezahlen? Oder arbeitest du unter Mindestlohn für alle anderen? Bezahlst du ständig aus dem Cashflow und reißt eine gefährliche Lücke auf, sobald die Steuerzahlungen fällig werden?

Versteh schon zu Anfang, dass der eigentliche Gewinn und damit die Rentabilität weitaus geringer ist, als dir der tägliche Cashflow suggeriert.

5. Alles ist in Bewegung – und ist außerdem noch organisch, saisonal und komplex.

Ein gastronomischer Betrieb ist kein Arbeitsplatz mit einem Bürotisch, ein paar Akten und einem Computer darauf, sondern ein lebendiger Organismus mit höchst dynamischen, unberechenbaren und hochkomplexen Parametern. Du hast mit wechselndem Personal, wetter- und jahreszeitbedingten Umsatzschwankungen, Lieferanten, unterschiedlichsten Kunden, Trendwechseln und vor allem mit verderblichen saisonalen Lebensmitteln zu tun.

Was die allermeisten Menschen unterschätzen, ist die Dynamik und Komplexität eines gastronomischen Betriebes. Man hat mit mehr Bällen zu jonglieren, hat viel größere Herausforderungen als von außen zu erkennen ist.

Zusammenfassend sei gesagt:

Du bist in einem Business mit größtmöglichem Aufwand, hohem Risiko und mäßigen Gewinnmargen, verglichen mit dem Aufwand, den du betreiben musst.

Du hast einen hohen administrativen Aufwand, hohe Personalfluktuation, die größtmögliche Reibungsfläche mit Ämtern und Behörden, unübersichtliche Finanzstrukturen. Und du bist wegen des Bargeschäfts angreifbar durch das Finanzamt.

Wie gehe ich nun mit diesen fünf Herausforderungen um?

Umgang mit Behörden und Vorschriften

Die Sachbearbeiterinnen und Sachbearbeiter in den Behörden sind keine Unternehmer, sondern nur auf ein sehr eng umfasstes Regelwerk geschult.

Erwarte keine Empathie oder proaktives Denken für Lösungen. Oft ist es genau das Gegenteil. Es kann sogar vorkommen, dass sich Vorschriften der einzelnen Behörden widersprechen oder einfach keinen Sinn für deine örtliche Situation ergeben.

Hier ist Resilienz gefragt, manchmal auch Widerstand und kreative Kompromisslösungen.

Es ist nicht immer möglich, alles zu 100 Prozent zu befolgen.

Beispiel? Gern! Ein noch junger Sachbearbeiter des Lebensmittelamtes hatte mir auferlegt, ein Fliegengitter am größten Ladenfenster anzubringen. Dieses Fenster befand sich direkt neben der ständig geöffneten Ladentür – was übrigens, wer hätte das gedacht, ganz legal und legitim ist. Nicht nur, dass das Fliegengitter unsere Außenfassade und damit unseren Außenauftritt verschandelt hätte – ich bezweifle, dass sich deshalb irgendeine Fliege davon hätte abhalten lassen, den Laden trotzdem zu „betreten". Gott sei Dank hat der Widerstand mit dieser Argumentation dazu geführt, dass die Sache nicht weiter verfolgt wurde.

Merke: Manchmal muss man es aushalten können, sich zu wehren. Tu nur das, was nötig ist. Lege die Vorschriften zu deinen Gunsten aus. Überprüfe kritisch, ob das Geforderte wirklich so sein muss, und biete eigene Lösungsvorschläge. Komm ins Gespräch mit den Kontrolleuren und fordere auch ihre Unterstützung heraus.

Sich gegen Finanzamtsschätzungen schützen
Arbeite mit guten Steuerberatern mit Erfahrung in der Gastronomie zusammen. Benutze neue

Systeme, die dich maximal bei der Buchhaltung und Personalverwaltung absichern und entlasten.

Eine Prüfung durch das Finanzamt kann eine starke seelische Belastung sein, da der Ton, die Mittel und Maßnahmen des Finanzamtes oft rabiat sind. Da wird dann mal gern mit acht Mann während des Tagesgeschäfts der Laden gestürmt, inkognito werden Finanzbeamte vorbeigeschickt, um dich bei Fehlern zu erwischen, es wird gedroht und eingeschüchtert.

Und wenn schon geschätzt wird, wird gern gleich der doppelte Umsatz vermutet. Und kannst du nicht genug Gegenbeweise liefern – denn du hast ja nicht gewusst, dass du das unbedingt tun musst; in der Welt davor bist du ein unbescholtener braver Bürger gewesen –, hast du ein Problem.

Dir ist natürlich nicht bewusst gewesen, dass du als Gastronom von vornherein als Krimineller giltst, bei dem grundsätzlich davon ausgegangen wird, dass er Schwarzgeld einnimmt. Nun musst du über deinen angeblichen Mehrverdienst verhandeln, einen Umsatz, den du nie gemacht hast. Wie bei einem Kuhhandel wirst du dich dann mit dem Finanzprüfer darauf einigen müssen, was du wohl so an Phantomumsätzen gemacht hast.

Der Aufwand der Administration und die Höhe der Steuern sind nach Aussage meiner Steuerberaterin in den letzten 15 Jahren immer höher geworden. Steuererleichterungen sind nur mit sehr viel Einsatz und Zeitaufwand oder guter und deswegen oft teurer Beratung möglich.

Oft ist der Aufwand dafür zu groß und zu teuer. Man muss das nötige Fachwissen, Zeit und Kleingeld haben, um von Steuervergünstigungen zu profitieren oder steueroptimiert operieren zu können.

Personal an sich binden
Leute kommen und gehen, sind wegen des geringen Gehalts nicht sehr motiviert und da Personalmangel herrscht, besteht bei einigen kein wirklicher Leistungsdruck.

Fluktuierendes Personal hat zur Folge, dass die Qualität deines Services und auch deiner Produkte leidet, du hast einen höheren administrativen Aufwand durch die Wechsel und du verlierst sehr viel Zeit mit der Einarbeitung – alles wertvolle Zeit und Energie, die verpufft, sobald die Person wieder geht.

Schaffe deshalb Werte für deine Angestellten, die über den reinen Lohn hinausgehen. Bau einen attraktiven Arbeitsplatz mit sozialen Benefits, binde deine Angestellten dadurch, dass sie sich bei dir wohlfühlen und sich mit deinem Betrieb und deiner Vision identifizieren können.

Finanzmanagement
Buche eine Stunde oder zwei mit einem Finanzcoach und deinem Steuerberater. Lass dir den Unterschied zwischen Rentabilität und Liquidität erklären. Benutze Controlling-Tools, Auswertungen aus deiner Kasse oder deiner Buchhaltung, um dir einen finanziellen Überblick zu verschaffen.

Trage dir die Termine für Steuervorauszahlungen, Steuerzahlungen und -meldungen in deinen Kalender ein. Sprich mit deiner Bank, um dir gegebenenfalls einen Kontokorrentkredit für größere Warenanschaffungen einräumen zu lassen.

Entropie durch Vereinfachung und Systeme meistern
Der Zweite Satz der Thermodynamik und damit einhergehend die Entropie sind das, was dich tagtäglich auf Trab halten wird.

Der Zweite Satz der Thermodynamik besagt, dass sich die Energie eines wärmeren Körpers nur in die Richtung eines kälteren Körpers bewegt, nie aber der kältere Körper dem wärmeren Körper mehr Energie oder Wärme zufügen kann.

Das Maß für die durch den Zweiten Satz der Thermodynamik erklärten irreversiblen Prozesse wird Entropie genannt. Geben wir keine Information, Energie oder Fokus zu unserem bestehenden System, zerfällt es in einen Zustand, der für uns chaotisch erscheint.

Eine Cola mit Eiswürfeln im Glas wird nach einiger Zeit heruntergekühlt sein, durch die Wärmeenergie der Cola sind die Eiswürfel geschmolzen. Diese nun verdünnte und gekühlte Cola wird sich niemals von allein zurück in ein paar Eiswürfel und unverdünnte Cola verwandeln. Gerade noch erfrischend in einem Zeitfenster von zwei bis zehn Minuten nach Zugabe der Eiswürfel ist es noch ein ansprechendes Getränk, nach 15 Minuten dann schon wieder nicht mehr.

Dasselbe passiert mit einer heißen Tasse schwarzen Kaffees. Gieße ich kalte Milch hinein, macht das erstens den Kaffee heller und zweitens kühler. Der Kaffee wird nicht von allein zurück in seinen

Ursprungszustand kommen, er wird nicht von allein wieder heiß und schwarz. Das endgültige Abkühlen des Kaffees und damit die letztendliche „Unattraktivität" des Getränks kann ich nicht aufhalten. Beide Prozesse sind irreversibel. Oder nimm eine frisch gegrillte Ciabatta: Einmal gegrillt, frisch und lecker, dauert es ganze fünf Minuten, bis sie, dann nicht mehr ganz so knusprig und warm, langsam zum Opfer der Entropie wird: Nach zehn Minuten wird sie pappig, nach einer halben Stunde hart.

Du siehst anhand der Beispiele, dass die Gastronomie voll von Entropie und irreversiblen Prozessen ist. Grund dafür ist der Umstand, dass die Produkte lebendig und biologischen Ursprungs sind – und jede Komponente ihr ganz eigenes Timing für Verfall hat. Ein Salatblatt ist schneller hin als die Tomate, eine frisch geschnittene Scheibe Brot hat eine andere Haltbarkeit als der Joghurt, das Birchermüsli oder der Kaffee. Als Gastronom musst du all diese sehr kurzen und unterschiedlichen Zeiten im Blick haben und kontrollieren.

Die Attraktivität deines Produkts ist kurzlebig, der Moment, in dem alles perfekt ist, währt oft nur einige Minuten, ja oft sogar nur ein paar Sekunden.

Und dein Spiel ist nur dann von Erfolg gekrönt, wenn der Gast alle orchestrierten Elemente auf wundersame Art und Weise auf den Punkt gebracht zu sehen bekommt und du damit bei ihm einen Wow-Effekt erreichst. Und als ob dieses Kunststück nicht schon genug wäre: Die Gastronomie ist zudem ein direkter Dienst von Menschen für Menschen. Das heißt: Es menschelt ganz viel und weil auch wir organischen Ursprungs sind, haben auch wir eine enorme Komplexität und Anfälligkeit für Entropie.

Dein Feind sind Komplexität und Chaos. Für jede wiederkehrende Handlung gilt es, den kürzesten, effektivsten und in glücklichen Fällen gar elegantesten Weg zu finden. Diesen Weg solltest du so klar und einfach wie möglich gestalten. Kann er von deinem Team ohne Probleme wiederholt werden, hast du ein System. Kann dieses System nicht weiter vereinfacht werden und es hält, egal wer arbeitet oder wie viel Kunden ihr habt und es ist obendrein noch einfach zu erklären, dann hast du eine starke Säule für dein Unternehmen gebaut.

Systeme wie diese sind wahres Gold. Verschriftliche diese und du hast ein Café, das du entweder multiplizieren oder verkaufen kannst.

Es wird eine deiner Hauptaufgaben sein, Systeme zu bauen, die alle auftauchenden Prozesse orchestrieren und in Schach halten.

Erreiche Schnelligkeit, ohne an Qualität einzubüßen. Bau Systeme, die halten und letztendlich ohne dich funktionieren.

Kapitel 4
Die 10 Erfolgsfaktoren

Was sind die Faktoren, die darüber entscheiden, ob du entweder nach drei Jahren resigniert das Handtuch wirfst oder ob du ein gesundes, wachsendes Unternehmen geschaffen hast, das heiß und innig geliebt wird und nicht mehr aus der Nachbarschaft wegzudenken ist.

Die folgenden zehn Faktoren sind meiner Erfahrung nach ausschlaggebend für den Erfolg.

Me, myself and I
Was bringst du mit, was das Projekt zum Erfolg macht? Was sind deine Erfahrungen, auf denen du aufbauen kannst?

Vision/Botschaft/Geschäftsidee
Was ist deine Botschaft und wie übersetzt du sie in deine Geschäftsidee?

Produkt/Location
Was ist dein Produkt und dein Service?
Was macht dein Produkt besonders?
Was macht dich einzigartig?

Wo ist deine Location und was kannst du von dem Umfeld erwarten? Wie beeinflusst die Lage und die Lauffrequenz dein Angebot und deine Außenwahrnehmung?

Team des Unternehmens
Wie gut bist du aufgestellt mit deinem Team? Hast du gute Partner, Lieferanten, Steuerberater, Freunde und Coaches an deiner Seite?

Personal
Wie baust du ein echtes Gewinnerteam,
wie erreichst du Synergien und Teamspirit?

Finanzen/Controlling
Jonglieren mit vielen Bällen, Margen, Verderb! Wie damit umgehen? Controlling ist das A und O.

Kommunikation mit dem Kunden/
Service und Dienen
Wie gehst du mit deinen Kunden um? Welche Kommunikation soll zwischen euch laufen?
Und wie erreichst du Authentizität?

Marketing
Mund-zu-Mund-Propaganda und Soziale Medien sind die besten Marketing-Kanäle für Gastronominnen und Gastronomen.

Die Welt
Mit der Zeit gehen, trendbewusst sein und dabei du selbst bleiben.

Persönliche Entwicklung
Entwickle dich stets weiter!

Erfolgsfaktor 1: Erkenne dich selbst

Du siehst: Ich komme immer wieder auf dich zurück und ich hoffe, du hast durch die Übung davor mehr Klarheit über deine Stärken, dein Wissen und deine Erfahrungen bekommen. Leider bist du als Anfang von allem auch oft das Problem.

Meiner Erfahrung nach ist es in den meisten Fällen die Selbstsabotage, die der Lösung des Problems und damit deinem Erfolg im Weg steht.
Die zwei Hauptgründe für das „Steckenbleiben" in Situationen sind: Der innere negative Dialog und unbewusste Bias

Deinen inneren Dialog infrage stellen und aktiv verändern
Es ist schon erstaunlich, wie wir unsere Welt kreieren und uns dessen nicht bewusst sind.

Wem ist schon klar, wie oft es der eigene innere Dialog ist, der auf geradezu magische Art und Weise die Erfahrungen bestimmt, die wir erleben? Die Dinge, die wir uns selbst sagen, werden zur Brille, durch die wir Dinge um uns herum wahrnehmen. Was sagst du dir selbst? Was ist dein unbewusstes Mantra? Frag deine Freunde oder Familie, denn oft rutschen dir diese Gedanken heraus und du bekommst es noch nicht einmal mit. Es könnte so etwas sein wie:

- Bei mir geht immer alles schief.
- Ich habe immer Pech.
- Ich bin so ungeschickt.
- Ich kann nicht mit Zahlen umgehen.
- Das Finanzamt hat es auf mich abgesehen.
- Ich kann das nicht.
- Ich bin nicht gut genug.
- Immer, wenn ich viel bestellt habe, regnet es
- Es gibt kein gutes Personal.
- Man versucht, mich übers Ohr zu hauen.
- Ich habe nicht genug Geld.
- Das darf man nicht.
- Das kann ich nicht.
- Was denken die dann nur von mir?
- Das ist zu teuer.
- Das ist zu kompliziert.
- Er hat Schuld, sie hat Schuld.

Und so interpretieren wir fortlaufend Situationen, damit sie unserem Glaubenssatz und unscrcm inneren Dialog entsprechen.

Vielleicht ist aber die Situation eine ganz andere und die fatalistische Einstellung steht der Analyse der Situation und damit der Lösung im Weg.
Wenn mein Glaubenssatz *Es gibt einfach kein gutes Personal* ist – wie kann ich dann jemals gutes Personal finden?

Der innere Dialog bestimmt, wie wir etwas erleben und interpretieren.

Mach es wie die Top-Athleten, die ihren inneren Dialog bewusst dazu nutzen, sich zu Spitzenleistungen zu motivieren. Ersetze alte Glaubenssätze durch neue und gewöhn dir einen positiven inneren Dialog an, wenn du denn schon mit dir selbst sprechen musst.

- Ich finde immer eine Lösung.
- Ich bekomme Hilfe.
- Ich bin intelligent.
- Ich bin fit.
- Ich bin erfinderisch.
- Ich bin kreativ.
- Ich kann alles meistern.

- Ich habe Spaß bei der Arbeit.
- Ich lerne.
- Ich bin ein guter Chef.
- Ich kann gut mit schwierigen Situationen umgehen.
- Ich bin stressresistent.
- Ich bin erfolgreich.
- Ich habe Glück.
- Ich bin es wert.
- Ich ziehe gute Dinge und Leute an.
- Ich habe das beste Personal.
- Ich habe ein tolles Team.
- Ich bin professionell.
- Ich bin innovativ.

Bias

Noch einen Schritt tiefer ist es, sich mit der Bias, der uns alle innewohnenden kognitiven Verzerrung, auseinanderzusetzen.

Unsere Erziehung, unser Geschlecht, unsere kulturelle Prägung, unser Charakter und unsere allgemeine Beschränktheit, die um uns bestehende Realität zu erfassen, führen zur verzerrten Wahrnehmung. Meist ist es schwierig dahinterzukommen, was unsere Bias ist, da wir zwar unsere Stimmen im Kopf hier und da hören und erhaschen;

aber wenn es unsere Realitätswahrnehmung betrifft, wird es schon schwerer.

Du kommst dem nur auf die Schliche, indem du den Sachen analytisch auf den Grund gehst. Du betrachtest die Ergebnisse rational und arbeitest dich zurück entlang der Ursache- und Folge-Kette. Du hast dir z.B. einen Plan gemacht, wie du von A nach B kommst. In deiner Realität mag das vollkommen Sinn gemacht haben, aber das Ergebnis ist ausgeblieben oder ist ein anderes geworden? Das sollte dich stutzig machen. Der Grund könnte gut sein, dass du durch deine Bias zu falschen Schlussfolgerungen gekommen bist.

Aus meiner eigenen Erfahrung möchte ich ein Beispiel geben, wie ich auf meine eigene Gender-Bias hereingefallen bin.

Mein Beispiel betrifft die Arbeit mit Männern im Team. Ab einem bestimmten Punkt bin ich in Teambesprechungen mit meinen Vorschlägen einfach nicht weitergekommen. Je öfter wir uns getroffen haben, desto weniger ist auf mich gehört worden. Meine Redebeiträge wurden regelmäßig unterbrochen oder ignoriert. Ich kam einfach nicht zu dem von mir gewünschten Ergebnis. Schlimmer noch: Es kratzte an meinem Selbstbewusstsein.

Ich konnte nicht verstehen, warum ich einfach immer wieder unterbrochen wurde. Es war mir unerklärlich.

Nachdem ich in meiner Verzweiflung Bücher über männliche und weibliche Kommunikation gelesen habe, habe ich mit Erstaunen lernen müssen, dass Männer in ihrer Kommunikation noch ganz andere Sachen klären wie etwa den Status in der Gruppe.

Es fiel mir wie Schuppen von den Augen. Das erklärte die langen und lauten Monologe, die in meinen Ohren hohl klangen und für mich inhaltlich keinen Sinn ergaben. Da ich meinen Status in einer Gruppe von Alphamännern nie kommuniziert habe – ja, obwohl ich die Besitzerin gewesen bin, durch mein Verhalten sogar einen niedrigeren Rang kommuniziert habe –, bin ich auf dieser Ebene komplett untergegangen.

Meine Bias war, dass Männer wie Frauen sind und sie mir doch die Aufmerksamkeit automatisch geben müssten, da meine Beiträge inhaltlich gut sind. In der realen Welt ist dem aber leider nicht so.

Ich habe daraufhin meine Strategie geändert, indem ich mich in Meetings zentraler, höher und mit mehr Statussymbolen positioniert und mir angewöhnt habe, mit einer tieferen Stimme länger, langsamer und lauter zu sprechen, nicht des Inhaltes, sondern nur des Redeanteils willen. Plötzlich veränderte sich das Verhalten um mich herum wie von Zauberhand. Mir wurde bis zu Ende zugehört und ich konnte meine Projekte durchbringen.

Wenn du das Gefühl hast, gegen eine Wand zu rennen und du dich wie in einer Endlosschleife fühlst, was könnte dir gerade entgehen? Könntest du gerade Selbstsabotage betreiben? Führst du unbewusst einen negativen inneren Monolog oder bist du einer deiner Bias auf den Leim gegangen?

Erkenne dich selbst. In 99 Prozent aller Fälle bist du die Ursache und nicht die äußeren Umstände.

Erfolgsfaktor 2: Vison/Botschaft/ Geschäftsidee

Was ist deine Vision? Was ist deine Botschaft und wie spiegelt sich das in deiner Geschäftsidee wider? Nimm dir die Zeit, um Klarheit für dich zu erreichen. Nur wenn du genau weißt, wofür dein Unternehmen stehen soll, wird du es auch klar kommunizieren können. Mit einer klaren

Vision kannst du deinen Mitarbeitern, Investoren, Banken, Vermietern, Kunden und dir selbst ein Leitlicht setzen.

Wenn deine Vision als positiv und wertvoll empfunden wird, dann identifizieren sich nicht nur deine Kunden und Mitarbeiter mit deiner Unternehmung, auch machst du es anderen Partnern einfacher, dich tatkräftig zu unterstützen.

Was ist deine Vision?

Deine Vision sollte einen idealen Zustand in der Zukunft beschreiben. Dabei sollte sie groß genug gedacht werden, denn die Vision wird das Leitlicht für dich und deine Mitarbeiter.

Nehmen wir eine große erfolgreiche Firma wie Microsoft. Deren Vision 1975:

„Ein Computer auf jedem Schreibtisch und in jedem Zuhause."

Auf deine Situation bezogen könnte es zum Beispiel so etwas sein wie

„Mein Café ist der wichtigste Treffpunkt für Inspiration und Austausch in der Stadt."

Was ist deine Botschaft?

Wie wirst du deine Vision erreichen? Für was wird dein Unternehmen stehen? Auch hier ein Beispiel von Microsoft:

„Unsere Mission ist, jede Person und jedes Unternehmen auf dem Planeten zu befähigen, mehr zu erreichen."

Deine Mission auf dein Café bezogen könnte sein:

„Wir servieren den besten Kaffee der Stadt mit Stil, Herz und Verstand, um unsere Kunden dabei zu unterstützen, kreativ und innovativ zu arbeiten."

Und zu guter Letzt:

Was ist denn eigentlich deine Geschäftsidee?

Hast du ein neues Co-Working-Konzept? Bietest du Essen, das zusammen mit Spitzenköchen entwickelt worden ist, und benutzt du ausschließlich Zutaten von lokalen Produzenten? Oder bist du ganz auf den Kaffee spezialisiert und servierst Spezialitäten-Kaffee auf Top-Niveau und betreibst zusätzlich eine Kaffeeschule?

Kannst du deine Geschäftsidee in ein paar Sätzen beschreiben? Wie kannst du einen möglichen

Kunden innerhalb kürzester Zeit von deinem Konzept überzeugen? Und inwieweit spiegelt sich in deinem Konzept deine Botschaft wider?

1. Was ist die Geschäftsidee?
2. Was ist der Nutzen?
3. Was ist dein Alleinstellungsmerkmal?

Kannst du deine Vision, Botschaft und Geschäftsidee einleuchtend, knackig und überzeugend formulieren? Kannst du den kritischsten Kunden überzeugen, nämlich dich selbst?

Arbeite solange daran, bis du Klarheit für dich erreicht hast. Das wird die DNA deines Unternehmens.

Eine erfolgreiche Unternehmerin zeichnet sich dadurch aus, dass sie flexibel ist und das weiterverfolgt, was funktioniert. Eine Geschäftsidee, in die du dich verliebt hast, ist deswegen nicht gut oder wird deswegen erfolgreich. Bereite dich darauf vor nachzuarbeiten, zu verändern und zu testen, was funktioniert.

Laden-Konzept

Heutzutage kann es sich keiner mehr leisten, einfach nur Produkte in einem halbwegs ansprechenden Raum zu verkaufen.

Der Gastronom von heute ist ein Theaterdirektor, Regisseur und Bühnenautor in Personalunion. Er kreiert Erlebnisse in einer attraktiven Erfahrungswelt.

Wie fühlt sich deine Atmosphäre an? Was für Erfahrungen soll der Kunde bei dir haben? Was für ein Erlebnis, was für ein Theaterstück willst du deinen Kunden bieten? In was für eine Welt lädst du ihn ein? Und wie wird er sich fühlen? Was macht deine Welt so einzigartig? Was für Leute kommen zu dir und was für Gespräche werden sie bei dir haben?

Ich habe es in meiner Karriere erstaunlich gefunden, wie viele der neuen Gastronomen nur einen instinktiven Bezug zu ihrem Ladenkonzept haben. Sie sehen andere Läden, die ihnen gefallen, nehmen Elemente von dem, ein bisschen von dort, die Mama weiß, wie man Kuchen backt, und der Cousin macht das Design. Endlich kann man sich kreativ ausleben. Das ist schön und ich sage ja nicht, dass diese Cafés nicht erfolgreich sein können. Oft ist der Besitzer sehr nett und die Leute kommen genau deswegen. Aber was auch klar ist: Dieses Ladenkonzept wird nie über dieses eine Geschäft hinauswachsen. Es wirkt zusammengewürfelt, ist Trendwechseln ausgeliefert und es ist nicht klar, für was es steht.

Es arbeitet sich besser und motivierter, wenn du weißt, wofür du stehst und was deine Mission ist. Und wenn das Konzept eben ist:

Mama backt die Kuchen und der Cousin macht das Design – warum dann nicht tiefer gehen? Noch mehr herausarbeiten und akzentuieren, um was es geht! Was für eine Geschichte kannst du erzählen?

Vielleicht gibt es in der Familie ein bestimmtes Gefühl von Gastfreundschaft, das man noch mehr akzentuieren kann. Vielleicht kommt die Familie aus einem besonderen Ort und du benutzt Elemente aus diesem einem Ort. Benutze Übertreibung und Kontraste, mach sichtbar und vor allem erfahrbar, was dein Café so besonders macht.

**Dein Ziel ist es, im Gedächtnis
der Kunden zu bleiben.**
Hinterlasse ein klares Bild mit einer klaren Botschaft, möglichst eine gute, begeisterte und

einzigartige, und bleib so im Gedächtnis.

Viele Gastronomiebetriebe haben zu viele verschiedene Botschaften. Man sagt zu zu Vielem Ja, und zu zu Wenigem Nein. Dadurch wird das Bild unscharf, man wird einer unter vielen und hat keinen Wiedererkennungswert.

Hab Mut zu Kontrasten, weniger ist mehr. Setz dich damit auseinander, wer du bist, wofür du stehst. Was macht dich liebenswert, einzigartig, und somit kommunizierbar?

Oft ist es besser, mit ein paar wenigen Dingen anzufangen, dafür exzellent und gut durchdacht, als in einem Überangebot zu ersticken, das auch nur noch halb so gut ist, weil nicht jedes Produkt dieselbe Aufmerksamkeit bekommt. Nun sagst du aber, dass du es voll und bunt magst. Vielleicht ist dann genau das dein Konzept, dann übertreibe damit, mach das zu deinem Stil und mach es bewusst. Auch dann ist es ein klares Konzept, das im Gedächtnis bleibt.

Ein Kollege von mir bietet alles frisch gemacht von morgens bis abends, das Konzept ist: Üppigkeit. Das ist sein sehr erfolgreiches Konzept, er zieht es konsequent durch und hat diese Fülle an Möglichkeiten zu seinem Konzept gemacht. Meine alte Firma macht genau das Gegenteil: Bonanza Coffee ist extrem reduziert und nur auf den Kaffee fokussiert. Es geht also im Prinzip alles, aber mach es eindeutig und klar erkennbar für den Kunden.

Erfolgsfaktor 3: Produkt und Location

Dein Produkt ist die Ware oder Dienstleistung, die du für Geld deiner Kunden austauschst. Dieses Produkt muss so attraktiv und wertvoll sein, dass die Kunden dir ihr Geld geben wollen. Klingt einfach, nicht wahr? Nicht unbedingt. In einer Welt des Überangebots sollte dein Produkt das Leben deiner Kunden spürbar verbessern.

Warum sollten Leute zu dir ins Geschäft kommen? Doch nur, weil sie bei dir etwas bekommen, das besser ist als das, was sie zu Hause hinbekommen, oder das Café nebenan.

Der einzige nachhaltige Weg, den ich kenne, ist es, Qualität anzubieten und besser zu sein als der Durchschnitt. Die Grundvoraussetzung für Qualität ist nach meinem Dafürhalten:

Das größtmögliche Wissen
Kenne dein Produkt in- und auswendig, recherchiere, bleibe up-to-date, lerne es von jedem

Winkel aus kennen, denn nur dann kannst du die beste Option für dich und deinen Kunden wählen.

Die beste Option und Lösung für dein Produkt oder deinen Service

Dein Wissen und deine Erkenntnisse über die Themen ermöglichen es dir, die beste Option für deine Kunden zu finden. Du triffst die beste Entscheidung. Welches Mehl ist am besten für meine Pancakes? Welche Milch schmeckt am besten? Was ist das Besondere an meinem Brot? Woher kommt mein Kaffee? Wie bereite ich die besten pochierten Eier zu? Wie reife ich meine Avocados, damit sie immer perfekt sind?

Reproduzierbarkeit

Qualität ist die Fähigkeit, ein hochwertiges Ergebnis mit Konsequenz und Kontinuität immer wieder reproduzieren zu können. Ein Sandwich, das heute fantastisch und morgen mit mehligen zu kalten Tomaten auf glitschig gewordenem Käse daherkommt, ist keine Qualität. Erst wenn das Sandwich jeden Tag des Jahres top ist, ist es gut.

Es ist höhere Qualität, einen Kaffee zu machen, der an 99 Prozent der Tage auf einer Skala von 1 bis 10 eine 8 ist, als einen Kaffee anzubieten, der an 50 Prozent der Tage eine 10 ist und ansonsten eine 3.

Kontext

Wenn du drei Köche brauchst, um das beste Sandwich der Welt zu machen, du aber in einer Gegend bist, in der keiner 30 Minuten auf ein Sandwich warten will, noch bereit ist, 25 Euro dafür zu zahlen, dann ist das keine Qualität für deinen Kunden. Es ist nicht immer die beste Option für ein Produkt allein, was am Ende die Qualität für den Kunden liefert, sondern der Kontext, in dem du das Produkt anbietest.

Im Grunde geht es immer darum, die Probleme deiner Kunden zu lösen. Ich habe hier exemplarisch ein paar Probleme und ihre möglichen Lösungen für dich zusammengestellt:

„Ich habe Hunger."

- Wir haben Essen für dich, gleich hier in der Nähe deines Arbeitsplatzes, praktisch zu essen, schnell, lecker, gesund, zu einem fairen Preis.

- Wir haben Essen für deinen kleinen Hunger: Snacks, Sandwiches, Brote, Kuchen, Croissants und Kekse, eine hochwertige und leckere Auswahl, die dich erst mal für die nächsten Stunden sättigen.

- Wir haben das beste Frühstück der Welt für dich, alles frisch angerichtet. Du feierst deinen Geburtstag mit Freunden am besten bei uns. Es ist eine Belohnung und Freude, bei uns zu essen und zu verweilen.

„Ich habe Durst."

- Wir haben eine Auswahl an Bio-Limonaden, haben selbstgemachte Eistees und klassischen Softgetränke in angenehmer Atmosphäre.

- Wir machen supergesunde Cold-Pressed-Juices, Smoothies, Health Shots und lassen dich energetisiert und gutfühlen.

- Wir haben vollkommen gratis filtriertes Leitungswasser zu deinem Kaffee.

„Ich brauche einen Ort zum Treffen."

- Wir haben einen Ort mit Tischen und Stühlen, an dem die Musik nicht zu laut ist, es aber im Raum auch nicht so leise ist, dass die Leute eure Gespräche mithören können.

„Ich brauche einen Ort zum Arbeiten."

- Wir haben einzelne kleine Tische und Internet für unsere digitalen Nomaden. Es gibt Steckdosen, Highspeed-Internet und die Musik ist nicht zu laut.

- Wir haben einen abgegrenzten Raum oder Tisch nur fürs Arbeiten, damit sich die anderen Gäste nicht von der konzentrierten Atmosphäre gestört fühlen. Es gibt Highspeed-Internet und Steckdosen.

- Wir sind ein Laden, in dem die Leute entspannen sollen und miteinander kommunizieren, leider können wir euch hier nicht helfen. Hier herrscht Laptop-Verbot und es gibt kein Wifi.

„Ich brauche einen Ort zum Auftanken und Entspannen."

- Du kannst bei uns Kaffee trinken, Kuchen essen, vielleicht ein leckeres Sandwich, wir lassen dich in Ruhe, du kannst dich aber auch nett mit uns unterhalten, wenn dich das aufpeppt, die Musik ist entspannt, die Leute sind freundlich. Die Sitzmöbel sind bequem.

- Wir haben interessante Zeitungen und Magazine und spielen erstklassige Musik. Hier kannst du dich in entspannter Atmosphäre inspirieren lassen.

„Ich bin müde, ich muss wach werden."

- Wir servieren dir schnell und in hoher Qualität starken Kaffee.

„Ich will mich attraktiv und lebendig fühlen."

- Unser Interieur-Design ist atemberaubend, du willst gleich bei uns einziehen, unsere Baristas sind alle attraktiv und aufmerksam. Die anderen Kunden sind hip, gut gekleidet und kreativ unterwegs. Sie sprechen über ihre Projekte oder geben vielleicht sogar Interviews auf der Terrasse. Irgendwann checkst du: Das ist ja Daniel Brühl gewesen!

„Ich will gesehen werden."

- Weil wir selbst ein Auge für diese Dinge haben, sehen wir gleich: Du fühlst dich on Top of the world, du hast heute ein echt cooles Outfit zusammengestellt mit deiner neuen Jacke von einem upcoming Designer. Wir sehen dich und geben dir ein Kompliment für deinen Style und deine Ausstrahlung.

Location

Deine Location unterstützt dein Angebot und Produkt und positioniert dich als Marke.

Was für einen Wert gibt die Location dir und deinen Kunden? Ist sie zentral, von allen Seiten gut erreichbar mit guten Parkmöglichkeiten oder guten Anschlüssen zu den öffentlichen Verkehrsmitteln? Ist sie nah an der Arbeit deiner Kunden? Oder ist sie in einer schönen Straße und einem Viertel, in dem man sich gern mit Freunden trifft?

Bedenke, dass die Grundfrequenz, also wie viel Leute dort tagtäglich vorbeigehen, hoch genug sein sollte. Steht der Mietpreis in einem gesunden Verhältnis mit den zu erwartenden Einnahmen? Kannst du in einer AAA-Location nur mit Kaffee und Kuchen wirklich die dafür nötigen Umsätze machen? Wie viel Leute müssten dann wie viel Kaffee kaufen?

Bedenke, dass der Ort deines Cafés auch viel darüber aussagt, wie du dich als Marke positionierst. Wen möchtest du als Kunden ansprechen?

Der Charakter der Locations ist entscheidend gewesen für die einzigartige Markenwahrnehmung von *Bonanza Coffee*, für die Absicherung einer

Grundfrequenz an Besuchern sind sie dabei sicherlich nicht ideal gewesen. Beide Locations sind versteckt und eröffnen sich nur Eingeweihten.

Auch wenn die Provision eines Immobilienmaklers wehtut – oft kommst du an die wirklich attraktiven Flächen nur mithilfe eines Maklers heran.

Erfolgsfaktor 4: Gutes Personal

Die größte Sorge des Gastronomen und die größte Herausforderung ist das Personal.

Viele Cafébesitzer klagen über hohe Fluktuation und zu wenig motiviertes Personal. Um einen tollen Service zu bieten, braucht man tolle Leute. Du denkst dir, du hast ja ein tolles Café. Also woran liegt es, dass die netten aufmerksamen Servicekräfte nicht ganz von selbst kommen und vor allen Dingen bleiben? Ich kann dich beruhigen: Es liegt nicht an dir, es ist ein strukturelles Problem.

Der soziale Status von Service-Jobs ist in der deutschen Gesellschaft nicht besonders hoch. Hinzu kommt, dass die wenigsten Gastronomen attraktive Gehälter zahlen können. Zu jeder geleisteten Arbeitsstunde kommen noch Lohn-nebenkosten von ungefähr 20 Prozent hinzu, ferner die Kosten für ein Lohnbüro. Viele Gastronomen arbeiten deswegen mit 450-Euro Jobbern und Studierenden, bei denen die Abgaben weniger hoch sind. Wie kannst du nun aber Qualität, Stringenz und Konsistenz erreichen mit Angestellten, die nur in Form von Minijobs bei dir angestellt sind, die ihren Job nur als Nebenjob sehen und immer mit einem Fuß aus der Tür sind, weil sie eben studieren und andere Dinge in ihrem Leben Priorität haben.

Hinzu kommt, dass du im saisonalen Geschäft bist, also oft im Frühling und Sommer bedeutend mehr Umsatz hast als im Winter und deshalb mehr Personalbedarf. Du stellst neue Leute ein, aber im Sommer wollen auch alle in den Urlaub. Also gerade, wenn du Personal brauchst, wird es knapp. Im Winter hingegen, wenn der Umsatz gering ist, sind alle wieder da und wollen was verdienen, jetzt hast du auf einmal zu viele Leute. Um die Qualität zu sichern, wären Festanstellungen zu bevorzugen, aber diese sind für dich als Arbeitgeber zu kostspielig.

Es ist dem Gast oft nicht bewusst, dass noch die Lohnsteuer, Solidaritätszuschlag, Umlagen, die Rentenversicherung, Arbeitslosenversicherung,

Pflegeversicherung, Krankenversicherung, Beiträge zur gesetzlichen Unfallversicherung der Berufsgenossenschaften und dann auch noch die Kosten der Lohnabrechnung selbst hinzukommen. Bekommt ein Vollzeit-Angestellter 1600 Euro netto, dann liegen die Kosten für den Arbeitgeber rund 1300 Euro höher. Hier eine Beispiel-Rechnung für einen ledigen Arbeitnehmer ohne Kinder und ohne Kirchenzugehörigkeit, Stand 2019:

Damit dein Arbeitnehmer
1598,27 Euro netto in der Tasche hat, muss er
2340,87 Euro brutto von Dir bekommen

Ihr teilt euch zwar die Sozialabgaben. Das heisst du führst diese für deinen Arbeitnehmer an den Staat ab, so dass dein Arbeitnehmer nur den Nettolohn ausgezahlt bekommt. Du als Arbeitgeber zahlst aber mit allem Drum und Dran, d.h. mit der Lohnsteuer, Rentenversicherung, Arbeitslosenversicherung, der Pflegeversicherung, Krankenversicherung und diversen Umlagen ohne Kosten der Lohnabrechnung **2891,28 Euro**!

Wie viel Umsatz muss der Gastronom also machen, um diese Arbeitskosten hereinzubekommen mit Sandwiches und Kaffees, die zwischen zwei und sechs Euro kosten, wovon dann noch 7 Prozent bzw. 19 Prozent Umsatzsteuer abgezogen werden müssen?

Zusätzlich gehen Festanstellungen auch mit viel Verantwortung einher. Das Gastronomiegeschäft ist starken Schwankungen unterworfen. In einer umsatzschwachen Phase können Schwangerschaften, Krankheit, und Urlaub schnell zum ernsthaften und teuren Problem für den Arbeitgeber werden. Auch wenn du deine Angestellten gern eine Festanstellung geben möchtest, ist das oft eine riskante und teure Verpflichtung.

Denn die Angestellten müssten in ihrer Arbeitszeit so viel Mehrwert generieren, dass es sich für dich lohnt. Gleichzeitig ist es so, dass bei guten Mitarbeitern netto nicht so viel in der Tasche landet, wie du vielleicht gern geben möchtest. Die Mitarbeiter wissen nicht, dass sie oftmals mehr als die Besitzer selbst verdienen, gerade in den ersten Jahren, wenn man seine Arbeitsstunden berechnen würde.

Es werden an den kleinen Unternehmer die gleichen Anforderungen gestellt wie an den von großen Unternehmen. Die Sicherheiten für die

Arbeitnehmer zu stemmen, ist für viele Gastronomen ein gewaltiger Akt.

Stell fest ein, wenn sich Mitarbeiterinnen oder Mitarbeiter bewährt haben, sie Eigeninitiative zeigen und damit wirklich dein Unternehmen weiterbringen können. Sie müssen für dein Unternehmen Mehrwerte generieren können, die über die reine Arbeit hinausgeht, also das Unternehmen weiterentwickelt. Stocke auf mit Studierenden und 450 Euro-Jobbern.

Wie bindest du dein Personal, wenn Geld nur einen Teil der Motivation ausmachen kann?

Sinnhaftigkeit ist meiner Erfahrung nach eines der wichtigsten Faktoren. Wie bedeutsam kannst du das Arbeiten bei dir für deine Mitarbeiter gestalten? Wie schaffst du es, dass deine Angestellten das Gefühl haben, am richtigen Ort zur richtigen Zeit in der aktuellen Phase ihres Lebens die richtige Tätigkeit auszuführen? Welchen Mehrwert gibst du deinen Angestellten in dieser Hinsicht?

Erfolgsfaktor 5: Team

Auch wenn du zu Beginn der Ausgangspunkt deines Geschäfts bist – nie wirst du irgendetwas erreichen ohne dein Team.

Gastronomie ist ein Teamsport. Du hast dein Team für das Führen deines Geschäfts: Steuerberater, Coach und vielleicht auch schon einem Unternehmensberater, dein persönliches Support-Team mit Familie und Freunden und dein Shop-Team mit deinen Angestellten.

Sich sein Shop-Team zusammenzustellen und zusammen erfolgreich zu werden, ist eine Kunst. Ich selbst habe leider gar kein Talent darin und richtig gut ist es bei uns erst geworden, als wir jemanden ins Team geholt haben, der instinktiv die richtige Mischung an Leuten hat zusammenführen können, bessere Systeme gebaut und die Teams zu Höchstleistungen motiviert hat.

Es ist ein ganz besonderes Gefühl von Verbundenheit und Stärke, wenn man im Team ein starkes Ziel hat und dies durch die gute gemeinsame Arbeit auch erreicht. Nichts ist befriedigender, als harmonisch und mit Spaß erfolgreich zusammenzuarbeiten. Diese Flow-Momente mit anderen sind für mich die wertvollsten Momente in meiner Karriere gewesen.

Das einfache Geheimnis meiner alten Firma ist es gewesen, dass sie für ihre Baristas gearbeitet hat. Sie hat ihre Baristas als Kunden betrachtet, Leute sind so lange geblieben, weil sie und ihre Arbeit geschätzt worden sind.

Da die Gründer selbst jahrelang als Baristas hinter dem Tresen gestanden und deshalb gewusst haben, wie anspruchsvoll und anstrengend diese Arbeit ist, hat *Bonanza Coffee* beispielsweise das Saubermachen so weit wie möglich von professionellen Reinigungskräften erledigen lassen. Baristas haben keine Sandwiches gemacht, sondern sich ausschließlich auf den Kaffee konzentrieren können.

Bonanza hat sehr gute Systeme gehabt und ihre Baristas in die Weiterentwicklung des Unternehmens involviert. Sie haben außerhalb der funktionierenden Systeme die Freiheit gehabt, selbst zu gestalten. Das ist nichts für jeden, manch einer ist davon überfordert und bevorzugt es, einfach nur auszuführen. Aber diese Eigenveranwortung ist eine der Gründe, warum die Mitarbeiter überdurchschnittlich lang geblieben sind.

Ein Betriebsklima zu erschaffen, in der sich die Teammitglieder gegenseitig zu besseren Leistungen anspornen, sie voneinander lernen und sich alle gegenseitig für das Gesamtergebnis verantwortlich fühlen, ist toll.

Nachdem ich diesen Teamgeist kennengelernt habe, fällt es mir schwer, die zwar funktionierenden, aber „militärisch" geführten Management-Stile gutzuheißen. Sie funktionieren auch, ich finde sie aber persönlich nicht mehr zeitgemäß.

Die Entscheidungsprozesse und Lösungsprozesse im Team dauern zwar länger, sind aber gleichzeitig nachhaltiger, da von allen getragen.

Teams zu bilden und zu führen, ist eine Kunst, und ist zumindest mir nicht in der Schule beigebracht worden. Sei dir nicht zu schade, dich weiterzubilden, wenn du wie ich kein Naturtalent darin sein solltest. Etabliere einen „Code of Honor", arbeite an einem „Wir", gemeinsamen Zielen und Regeln sowie einer Klarheit und Transparenz in der Kommunikation miteinander.

Nichts ist besser für dich und dein Geschäft, als ein positives und zufriedenes Team zu haben, das gemeinsam an Zielen arbeitet und sie schließlich erreicht. Es wird eines deiner absoluten Highlights sein, wenn du es erfolgreich umgesetzt bekommst. Team Leadership hat höchste Priorität, denn dein Team entscheidet darüber, ob dein Café deinem Traum entsprechen wird oder nicht.

Menschen als Individuen zu begreifen, heißt übrigens nicht, dass man keine Ansagen machen oder die Führung übernehmen kann, noch heißt es, dass die Arbeit einer persönlichen Interpretation unterliegt. Aber es ist ein Unterschied, ob man seine Teammitglieder micro-managed und maßregelt, wenn sie nicht „gehorchen", oder ob man es schafft, ein Umfeld zu schaffen, in dem jeder von sich aus das Beste leisten will – einfach weil es Spaß macht, die beste Version seiner selbst zu sein und die Anerkennung des Teams zu bekommen.

Erfolgsfaktor 6: Finanzen/Controlling

Das A und O deines Unternehmens: Du kannst im Idealfall zeitnah und ähnlich wie ein Pilot die Flugdaten anhand von Zahlen und Auswertungen die Performance deines Unternehmens analysieren. Du hast Kennzahlen, mit denen du erkennst, an welcher Stelle du einsparen kannst, mehr Umsatz generieren oder deine Liquidität steuern musst. Du hast einen Überblick über die Termine für anstehende Steuer-Voraus- und -Nachzahlungen etc. Du lässt dich von deinem Steuerberater mit Personalbüro beraten, wie du deine Angestellten am kostengünstigsten einstellst und kannst sehen, in welchem Verhältnis sich der Personalaufwand zum Umsatz verhält.

Wie kannst du das alles optimieren? In einem kleinen Laden bekommt man schnell einen intuitiven Zugang, aber sollte das Geschäft wachsen – mit größeren Bestellungen, langfristigen Zielen, in die erst mal investiert wird, bei denen der erhoffte positive Effekt auf den Umsatz erst später kommt und du nicht mehr jede Sekunde selbst vor Ort bist –, kann man ohne verlässliche Zahlen schnell den Überblick verlieren. Heutzutage gibt es Programme und Apps, die dir dabei helfen. Ich wünschte, ich hätte das gehabt!

Der Weg über Sortieren, Buchen, Schicken an den Steuerberater und dann aus verschiedenen Gründen erst zwei, drei Monate später eine Auswertung zu bekommen, kann damit dramatisch abgekürzt werden.

Du musst sehen können, wo du dich finanziell bewegst, damit du deine Strategie anpassen und überprüfen kannst, was deine Aktionen gebracht haben. Du als Pilot brauchst verlässliche Zahlen.

Erfolgsfaktor 7: Kommunikation mit dem Kunden

Als Gastronom musst du schon Spaß an den Menschen haben, neugierig auf sie sein und sie und ihr Verhalten studieren wollen. Du wirst im ständigen Dialog mit Kunden, Mitarbeitern und Lieferanten sein. Tagein tagaus wirst du mit den unterschiedlichsten Menschen kommunizieren.

Falls du nicht gerne in alle möglichen Gespräche verwickelt werden willst und generell eher menschenscheu bist, ist das wahrscheinlich nicht die richtige Branche für dich. Kommunikation muss dir Freude machen, ansonsten solltest du ernsthaft überlegen, einen anderen Weg einzuschlagen.

In meiner alten Firma hat ein einfaches Credo geherrscht: Behandele deine Kunden wie Freunde. Du willst nur das Beste für sie, bist herzlich, freundlich und hast Respekt, kannst aber von ihnen ebenso Respekt und Freundlichkeit erwarten.
Wie designst du die Kommunikation mit deinen Kunden? Bist du der herzlich joviale Italiener, der mit Scherzen und einem Zwinkern im Auge

seine Kunden gewinnt? Oder bist du mehr der aufgeräumte Skandinavier, der dir erstklassige lässige und freundliche Qualität liefert? Es gibt Kommunikationsstile, die so vielfältig sind wie die Persönlichkeiten der Gastronomen. Und Jeder hat sein Publikum: Das geht vom verrückt-kreativen Tausendsassa, bei dem sich die Leute inspiriert fühlen, bis zur lieben Großmutter, bei der sich alle geborgen und geliebt fühlen. Eines ist bei allen gleich: Sie sind Gastgeber und wollen ihren Gästen etwas bieten, etwas von sich geben, was sie sich besser fühlen lässt. In was für einem Stil das passiert, hängt davon ab, über was und wie du gern mit deinen Kunden kommunizieren möchtest.

Es ist schade zu sehen, wenn diese Kommunikation in Oberflächlichkeit und Floskelhaftigkeit abdriftet oder sogar wegen Über- oder Unterforderung zu Unhöflichkeit und Gleichgültigkeit führt. Hast du kein positives Lebensgefühl, das du deinem Kunden vermitteln willst, mach was anderes!

Sei dir darüber im Klaren, was es genau ist, das du als Lebensgefühl vermitteln willst.

Lebe es vor und kommuniziere das vor allem an dein Team. Dein Team muss wissen, was für eine Atmosphäre im Raum geschaffen werden soll, damit sie sie mit ihrer ganz eigenen individuellen Note dementsprechend anfüllen können.

Dir über den Charakter und die Qualität deiner Kundenkommunikation im Klaren zu sein, hilft dir auch dabei, das richtige Personal einzustellen. Es sollte zu deiner Art passen.

Erfolgsfaktor 8: Marketing

Die allerbeste Werbung sind begeisterte Kunden, die ihren Freunden und Bekannten von deinem Laden erzählen. Die zweitbeste Werbung ist, wenn ein Foodblogger mit wirklich vielen Followern bei dir anklopft und Gutes über dich schreibt. Die drittbeste Werbung ist, wenn Zeitungen und Magazine über dich schreiben und du Auszeichnungen bekommst: diese Sticker an der Tür als Zeugnis für Exzellenz. In der Gastronomie kann man nichts faken; das Feedback ist direkt und Performance kommentierend und durch Soziale Medien tagesgenau. Schon um auszuschließen, dass Hater dir bei Google richtig ungerechte Rezensionen hinterlassen – ja, das kann leider passieren –, solltest du deine Internetpräsenz immer wieder mal checken.

Die Zeiten haben sich geändert und ein aktives Social-Media-Profil gehört einfach dazu.

Du kannst hier direkt mit deinen Kunden agieren, mitbekommen, was deine Kunden so über dich posten, und sie über Neues informieren.

Benutze außer den Hashtags vor allem Location Tags, checke die Google-Einträge und moderiere sie gegebenenfalls. Gute Ergebnisse erzielen z.B. Kollegen von mir, die gezielt mit Foodbloggern zusammenarbeiten.

Regelmäßig mit ansprechenden Fotos zu posten, neue Produkte vorzustellen, kleine Geschichten zu erzählen und deinen Social-Media-Account lebendig zu halten, sorgt dafür, dass deinen Fans und Kunden immer wieder in Erinnerung gerufen wird, dass es dich gibt. Die Ablenkung und die Informationsfülle sind heutzutage so groß, dass man tatsächlich untergehen kann. Ruf dich deinen Fans deshalb immer wieder in Erinnerung.

Abzuraten ist von teuren Anzeigen in Magazinen oder der Zeitung, das wirkt für gastronomische Betriebe nicht authentisch. Gute Gastronomie braucht keine Werbung. Über gute Gastronomie, zu denen du ja gehörst, schreibt man. Eine Werbung in Print-Medien kann schnell den

Geschmack von Touristenfalle bekommen. Dann investiere dein Geld lieber in eine Flyer-Aktion für die Nachbarschaft oder mach ein Event.

Erfolgsfaktor 9: Die Welt/Mit der Zeit gehen, trendbewusst sein und dabei du selbst bleiben.

Wie schon ein paar Mal angemerkt, leben wir in einer Zeit, die vor einem gesellschaftlichen Paradigmenwechsel steht. Als Gastronom musst du informiert bleiben.

Gerade in Berlin hat es einen wahren Boom an gastronomischen Konzepten gegeben. Inspiriert von der Streetfood- und der Slowfood-Bewegung, dem Fokus auf handwerklich hergestellten und regional angebauten Produkten und der neuen Lust am Genuss ist die Food- und Cafészene so vielfältig wie noch nie.

Netflix hat mit seiner Serie „Chef's Table" Köche zu Stars stilisiert. Und die vegane Revolution ist besonders in Berlin nicht mehr zu ignorieren. Nicht dass man jedem Trend folgen sollte, aber veränderte Vorlieben der Kundinnen und Kunden können deinen Umsatz empfindlich positiv oder negativ beeinflussen.

Plötzlich funktionieren alte Konzepte nicht mehr, woanders ist es frischer, leckerer, moderner und hipper. Das Personal ist enthusiastischer im neuen Laden, weil alles auf Clean Eating, vegan und gesund ausgerichtet ist und es diesen Lifestyle selbst lebt.

Wie hebst du dich nun davon ab oder nutzt die Trends für dich mit gezielten Elementen in deinem Menü, ohne dein Grundkonzept zu verwässern? Wenn du die neuen Elemente selbst nicht authentisch entwickeln kannst, arbeite mit Experten zusammen, die dir dein Menü erweitern, oder dich mit neuen Produkten beliefern.

Erfolgsfaktor 10: Persönliche Entwicklung

Es wird der Zeitpunkt kommen – bei dem einem früher, bei der anderen später –, an dem du deine Herausforderungen gemeistert haben wirst und ein Gleichgewicht entsteht.

Du hast Systeme entwickelt, die funktionieren, du hast die richtigen Leute, die für dich arbeiten, deine Buchhaltung läuft, deine Produkte sind gut und deine Gäste sind zufrieden. Du hast das Maximum deines bisherigen Leistungsspektrums erreicht. Du hast alles ausgeschöpft, was du bis hierhin hast leisten können.

Grund zu feiern, herzlichen Glückwunsch! Das ist jetzt auch der Startschuss dazu, dich nach neuen Herausforderungen umzusehen. Du musst dir wieder neue Ziele setzen und Neues lernen. Der Kreislauf fängt von vorne an.

Das könnte in deinem Fall bedeuten, dass du zu einem Business Coach gehst und dein Wissen über Marketing und Teamarbeit vertiefst. Vielleicht beschäftigst du dich ausgiebig mit den Steuern und buchst ein paar Stunden beim Steuerberater, um Dinge zu optimieren. Möglicherweise schreibst du einen Businessplan und kümmerst dich um Kredite, um deine Produktionsküche zu erweitern oder einen weiteren Laden aufzumachen. Es kann aber auch sein, dass du dich mit einer verbesserten Work-Life-Balance beschäftigst und Wege findest, deiner Familie und deinem Geschäft besser gerecht zu werden.

Der langfristige Erfolg deines Unternehmens hängt von deiner Weiterentwicklung ab. Sich komplett aufzuopfern und nicht in sich selbst zu investieren, ist gefährlich. Denn als Kapitän des

Schiffs sollte man fit sein, auf dem neuesten Stand und den Blick aufs große Ganze haben.

Kapitel 5
Die 9 Fallen des Chef-Seins

Immer wieder habe ich die Auswirkungen dieser zehn Fallen entweder an mir selbst oder meinen Kollegen beobachten können.

Hier sind die beliebtesten Stolpersteine, Ausbremser und Konfliktherde. Sie dir gleich am Anfang bewusst zu machen, hilft dir hoffentlich dabei, ihnen elegant aus dem Weg zu gehen.

Falle 1: Du bist zu nett.

Diese Falle ist eine Typ-Sache. Vielleicht bist du von Natur aus jemand, der gern Ansagen macht, oder du hast Kinder und hast deshalb keine Probleme damit, Sachen einzufordern, dann überspringe bitte dieses Kapitel.

Dieser Abschnitt ist für Leute wie mich, die in einem sozial-liberalen Umfeld aufgewachsen sind. Das ist der Abschnitt für die, denen ihre Political Correctness der Arbeit im Wege steht, die erledigt werden muss.

Wenn du nämlich am Ende alles allein machst, während die eingestellten Helfer ständig in der Zigarettenpause sind, dann machst du eindeutig was verkehrt.

Dein Leitfaden, um aus dieser Falle zu kommen:

- Ich bin ein guter Mensch.
- Du, meine Angestellte und mein Angestellter, bist ein guter Mensch.
- Wir haben uns darauf verständigt, dass ich Arbeitszeit gegen Geld tausche. Wir haben einen Vertrag. Dieser Vertrag ist freiwillig und kann auch wieder gelöst werden. Er hat nichts mit dem Wert und Respekt, den wir füreinander haben, zu tun. Dies ist ein Vertrag zwischen zwei selbstbestimmten freien Individuen.
- Ich weiß, was wie zu tun ist. Ich habe den Überblick, warum und wozu die Dinge gemacht werden müssen – damit ich entlastet werde, um mich um die wichtigeren Sachen zu kümmern, die auch nur ich machen kann, wie: managen, neue Produkte testen, mich weiterbilden, den Steuerberater treffen, ein Finanzierungsgespräch vorbereiten etc.
- Wenn ich dir klare Ansagen mache und du sie erfüllst, hast du die Möglichkeit, erfolgreich

deinen Job zu machen, und trägst dazu bei, dass das Geschäft gut läuft. Dass du für mich arbeitest, hat nichts damit zu tun, dass ich dich nicht als Individuum schätze. Ich habe die Arbeit selbst oft genug gemacht, sie ist nicht menschenunwürdig, es ist keine Sklavenarbeit, es sind einfach Sachen, die zu erledigen sind.

Sollte der Mitarbeiter nicht damit klarkommen, dann ist das Schlimmste, was passieren kann, dass einer von euch beiden den Vertrag löst. Wie gesagt, diese Vereinbarung ist ja rein freiwillig, niemand wird gezwungen.

Du handelst im besten Interesse aller – dein Mitarbeiter will ja hoffentlich den Job ein wenig länger behalten –, wenn du präzise, klare Anweisungen gibst. Das gibt auch deinem Mitarbeiter Transparenz und etwas Konkretes, was er erfolgreich bewältigen kann.

Falle 2: Du bist zu despotisch, ein Micro-Manager.

Zu diesem Typ muss ich meine Beobachtungen zurate ziehen, da ich eher zur Hippie-Fraktion gehöre. Aber aus Erzählungen und Beobachtungen von Kollegen kann ich folgendes Bild zeichnen:

Du weißt bis ins kleinste Detail, was zu tun ist und wie du es haben möchtest. Alles ist minutiös geplant in Listen, Abläufen und Regeln. Alle müssen sich ganz genau daran halten oder du rastest aus, putzt deine Mitarbeiter runter, führst ernste Gespräche und feuerst sie.

Du erzeugst unheimlichen Druck auf deine Mitarbeiter und willst, dass sie stets Gewehr bei Fuß stehen. Niemand kann es dir recht machen, keiner macht es so gut wie du. Du bist unendlich frustriert wegen der angeblichen Unfähigkeit deiner Angestellten. Deine Präsenz versetzt die Mitarbeiter in Angst und Schrecken, wenn du explodierst. Deine Angestellten fliehen und kündigen, nachdem du psychologische Wunden bei ihnen hinterlassen hast, was besonders bedenklich ist, da es sich bei deinen Mitarbeitern oft um junge Leute handelt, die noch ihr ganzes Leben vor sich haben. Du bist erfolgreich, weil du dir viel abverlangst und Resultate produzieren kannst, aber für welchen Preis? Wo bleiben Seelenfrieden und Lebensqualität deiner Angestellten und von dir selbst?

Falle 3: Nicht delegieren können

Um dich weiterzuentwickeln, musst du dir Zeit freischaufeln. Warum sollten dann deine gebildeten Mitarbeiter (Studierende, Akademiker usw.) nicht auch ein wenig Verantwortung übernehmen und Aufgaben für dich erledigen, die ein wenig gedanklichen Einsatz und Eigenverantwortung erfordern.

Mit Selbstverantwortung steigt die Identifizierung und der Einsatz für dein Unternehmen und es generiert Lernsituationen, Herausforderungen und Sinnhaftigkeit für deine Angestellten.

Delegieren kann man erlernen, wichtig ist, dass die Zielsetzung präzise ist und dem folgenden, sehr populären SMART-Schema folgt:

S = Specific   (spezifisch)
M = Measurable   (messbar)
A = Agreed   (einvernehmlich)
R = Realistic   (realistisch)
T = Timebound   (zeitlich begrenzt)

Erkläre den Kontext der zu erledigenden Aufgabe. Hilf deinen Mitarbeitern zu verstehen, wie wichtig die Aufgabe im Gesamtkontext ist.

Der wichtigste Schritt beim Delegieren ist es, das Resultat zu überprüfen. Wenn das Ergebnis nicht der Zielsetzung entspricht, was garantiert gerade am Anfang passieren wird, dann erst fängt das gegenseitige Lernen an.

Für dich wird es wichtig sein, jegliche persönlichen Vorwürfe, enttäuschte Gefühle oder auch Ärger, sollten diese Emotionen bei dir auftauchen, zu überwinden. Auch schlecht über die Fähigkeiten deiner Mitarbeiter zu denken, ist keine gute Idee. Ihr seid ein Team, du bist die Anführerin oder der Anführer, doch wie kannst du ein Top-Team heranwachsen lassen, wenn du grundsätzlich alle Fähigkeiten anzweifelst.

Es liegt in deiner Verantwortung, gemeinsam mit dem Mitarbeiter herauszufinden, woran es gelegen hat. Hat er zu wenige Ressourcen bekommen? Hat er die Aufgabe nicht richtig verstanden? Ist die Zeit zu knapp gewesen? Braucht sie oder er zusätzlich Hilfe von anderen?

Dein Mitarbeiter wird durch diesen Prozess lernen, Aufgaben zu meistern und Projekte zu managen – eine Fähigkeit, die ihn auch sonst im Leben weiterbringen wird. Bring deinen Mitarbeitern diese wichtige Fähigkeit bei und du wirst ein stärkeres Team haben. Du wirst in diesem Prozess im Gegenzug vom Arbeitgeber zum Coach, was auch dir Sinnhaftigkeit in deiner Tätigkeit gibt.

Falle 4: Chronisch überarbeitet

Es ist okay, alles zu geben, gerade am Anfang. Um alles anzuschieben, muss man viel Energie hineingeben, einfach schaffen und machen, das ist klar. Aber Vorsicht: Bist du auch nach drei Jahren Eigenständigkeit immer noch chronisch überarbeitet, hast 15-Stunden-Tage, bist immer müde und hast ständig das Gefühl, du kommst nicht hinterher – einen Umstand, den ich leider oft bei Cafébesitzern beobachtet habe –, dann stimmt da etwas nicht.

Wenn du es dir nicht leisten kannst, dich mal mit Familie und Freunden zu treffen und mal was Schönes für dich zu tun, dann bist du in der Falle „chronisch überarbeitet" gefangen. Das ist ein besonders schwieriger Umstand, weil dir wahrscheinlich die Energie und der klare Kopf fehlen, um die nächsten guten Entscheidungen zu treffen.

Vielleicht schreitet auch deine Familie ein und spricht ein ernstes Wort mit dir oder dein Körper zieht die Notbremse und du wirst krank, um dir ziemlich direkt eine Ruhephase aufzuzwingen.

Wie kommst du da wieder raus? Du hast dich, ohne dass du es richtig gemerkt hast, in einen Arbeitszombie verwandelt, du bist ständig auf Kaffee, schläfst maximal vier Stunden, du isst schlecht und scheinst statt nach vorne zu gestalten immer hinterherzuhinken. Auch ist dein Energielevel jetzt so niedrig, dass du mitten in der Nacht Fernsehserien schaust, um dich vorgeblich zu entspannen. Du tust das, weil du einen Ausgleich suchst, aber du verlierst nur noch mehr Energie und bist weiter unterwegs in der Spirale nach unten.

Stopp! Atme tief ein, atme langsam aus. Gib dir diese eine Minute. Diese eine Minute kannst du dir gönnen. Niemand wird dich in dieser einen Minute vermissen. Werde dir bewusst in diesem Moment, dass das so nicht weitergeht, dass das langfristig deiner Gesundheit schadet und dein Business kaputtmacht. Es nutzt niemanden, wenn du so überarbeitet bist.

Atme noch mal tief ein und tief aus. Entscheide dich heute dazu, mal eine halbe Stunde früher ins Bett und eine Viertelstunde früher nach Hause zu gehen. Setz dir für jeden Tag kleine Ziele, um dem Hamsterrad zu entkommen. Dass du so überarbeitet bist, liegt an fehlenden Systemen, cleverem Zeitmanagement und richtiger Delegation.

Falle 5: Superwoman- und Superman-Syndrom

Man ist der Kapitän des Schiffes oder die Steuerfrau. Und wie es so ist im Leben, im turbulenten gastronomischen Gewässer…da kommt sie …

die Katastrophe, der Unfall, die plötzlich explodierende Espressomaschine, oder der Hagelsturm, der alle Schirme wegbläst.

Und wer steht da in Glanz und Gloria?

Die Superfrau! Sie hat ihren Umhang um, kommt hereingestürmt, schreit Anweisungen, übernimmt das Ruder, ihr Herz schlägt schnell und voller Adrenalin in den Adern springt sie ein und bringt die von allen erwartete Heilslösung. Sie weiß, was zu tun ist. Alle folgen ihr und in einer gemeinsamen Anstrengung und mit einem Regenbogen im Hintergrund wird das Problem heroisch gelöst; der Kampf gegen die Katastrophe ist siegreich, man ist dem Desaster gerade noch so von der Schippe gesprungen und mit einer stolzgeschwellter Brust, Selbstbestätigung, Anerkennung des Teams und dem Gefühl, Großartiges geleistet zu haben, geht man zurück an seinen Schreibtisch … um die Buchhaltung zu machen.

Nun, ist doch super, mag manch einer denken, doch ergibt sich folgendes Problem.

Lieber Supermann und liebe Superfrau:

1. Warum lösen nicht die Leute vor Ort in Eigenverantwortung das Problem? Hat man ihnen zu wenig Ressourcen und so einfache Dinge wie Telefonnummern und einen kleinen Leitfaden dafür bereitgestellt, was im Notfall zu tun ist?

2. Wenn aber solche „Katastrophen" regelmäßig passieren, die Espressomaschine also mal öfter den Geist aufgibt oder die Geschirrspülmaschine ausläuft, dann ist das ein strukturelles Problem. Und wenn man sich nicht darum kümmert – heißt, eine neue Espressomaschine kauft oder ordentlich reparieren lässt –, dann ist das fahrlässig. Ergebnis: Du bist deinem Job als Chef nicht gerecht geworden. Und ganz vielleicht, lieber Super-

man und liebe Superwoman, kümmerst du dich ja nicht darum, weil du deine Rolle zu sehr liebst: Vielleicht ist dein übriger Alltag langweilig geworden, vielleicht bist du unterfordert und du freust dich unbewusst auf deine Auftritte als Superhero.

3. Vielleicht sieht man gar nicht so cool aus, wie man denkt in seinem heroischen Kostüm, vielleicht haben die anderen dein Bedürfnis nach Aufmerksamkeit und heldenhaften Auftritten schon durchschaut und wenden sich bereits leicht genervt ab.

Falle 6: Sich an alle Regeln halten wollen

Deutschland, ich liebe dich: deine Steuergesetze, deine Verordnungen, deinen ganz normalen bürokratischen Wahnsinn. Würden sich alle an alles halten, käme das Land zum Stillstand, da bin ich mir sicher.

Denn das Leben ist zu komplex, zu dynamisch und mit viel zu viel Informationen gefüllt, als dass wir überhaupt die Zeit hätten, allem immer zu 100 Prozent gerecht zu werden.

Wenn du mit unpraktischen und unsinnigen Aus-
legungen der Verordnungen konfrontiert wirst, du
kurz vor der Eröffnung stehst und nicht die Zeit
und das Geld hast, könnte dein ehrenwerter Ansatz,
alles zu 100 Prozent perfekt nach Verordnung umzusetzen, zu Umsatzeinbußen und langfristigen
Schäden für dein Geschäft resultieren.

Warum? Du bist nur damit beschäftigt, Zeit und
Mühe in etwas zu investieren, was dir kein Geld
einbringt, sondern nur kostet. Es sagt etwas über
deine Kreativität und Resilienz aus, wie du mit den
Behörden umgehst und deine Interessen geschickt
durchsetzt.

Die Deutschen sind langsam. So ein Bauantrag
kann gut und gerne zwei oder drei Monate liegen
bleiben, aber die Location ist schon gefunden,
der Mietvertrag läuft, jeder Tag kostet Geld. Um
sich gegen alles abzusichern und weil den Ämtern
jegliches unternehmerisches Denken und somit
auch Empathie fehlt, wird alles nach Vorschrift
verlangt, auch wenn es vielleicht gar nicht auf die
Situation zutrifft.

Entwickle ein gesundes dickes Fell. Teste die
Grenzen aus. Ist es wirklich so? Muss man das
wirklich machen? Und was sind die Konsequen-

zen? Habe in manchen Fällen die Nerven Kompromisslösungen zu testen.

Fakt ist, zumindest ist es meine Erfahrung, dass oft
nur allgemeines Informationsmaterial vorhanden
ist, was aber im Einzelnen genau die Vorschriften
sind, versteckt sich in Gesetzestexten, die sich
Normalsterblichen nicht erschließen. Es gibt Vorschriften, die sich in Gesetzes-Kommentaren oder
Gerichtsentscheidungen und Gepflogenheiten ver-
stecken, die erstens schwer zu finden und zweitens
auch gebildeten und informierten Menschen, zu
denen ich mich zähle, nicht erschließen. Auf die
Frage an das Lebensmittelamt, wo wir denn die
ganzen Regelungen hätten nachlesen können, hieß
es: Es gebe irgendwo Kopien, die lägen manchmal im Lebensmittelamt aus. Gibt es die online?
Nein. Gibt es Broschüren? Nein. Also wie zum
Kuckuck soll ich denn wissen, was zu tun ist?

Auch können sich verschiedene Behörden in ihren
Anforderungen vollkommen widersprechen. Das
Bauamt sagt, hier muss eine Behindertentoilette
hin, das Lebensmittelamt sagt, hier darf gar keine
Toilette sein. Da kann es schon passieren, dass du
als Vermittler zwischen zwei Behörden auftreten
musst und wie in diesem Fall beide zufriedenstellst,
indem du in Eigeninitiative die Toilette mit einem

Spezialschloss versiehst und eine betriebseigene Verordnung entwirfst, die besagt, dass wirklich nur Menschen mit Behinderung diese Toilette benutzen dürfen.

Falle 7: Diven einstellen[1]

Wie kommt es dazu, dass man überhaupt Diven einstellt? Diven, männliche wie weibliche, sind meist sozial sehr eloquent, charmant, sie ziehen Aufmerksamkeit auf sich und wissen sich zu verkaufen. Am Anfang freust du dich noch über die regen Kundenreaktionen auf die charismatischen neuen Mitarbeiter, vielleicht kommen in der Folge auch Kunden speziell deshalb und du freust dich über neue Stammgäste.

Aber freu dich nicht zu früh! Denn der Diva geht es nur um sich und schon bald wirst du merken, wie das Kräfteverhältnis langsam in Schieflage gerät. Diven neigen dazu, schwächere Teammitglieder als Teil ihres Hofstaates zu rekrutieren, und ihren Einfluss und ihre Macht zu testen. Die zuerst

---

1 Meine persönlichen Erfahrungen waren ausschließlich mit männlichen Diven, auch wenn Diva ursprünglich aus einem weiblichen Kontext kommt, meine ich damit einen Persönlichkeitstyp, der alle Geschlechter umfasst.

subtilen Veränderungen können im schlimmsten Fall zu Arbeitsverweigerung, schlecht ausgeführter Arbeit und allerlei Extra-Ausnahmen für die Diva führen.

Sie wird letztendlich deine Autoritätsposition untergraben wollen, was nervig ist, denn du bist diejenige, die ja die Veränderungen und Wachstum realisieren will. Oft beschuldigt die Diva auch den Besitzer, die eingesetzten Maschinen, das Wetter oder andere Widrigkeiten, wenn es in der eigenen Schicht nicht ganz so gelaufen ist. Wahrscheinlich hat sie dich dann auch schon so bezirzt, dass du ihr all die Extrawürstchen durchgehen lässt.

Setze also immer auf Teamplayer. Vielleicht haben die auf den ersten Blick weniger Charisma und du denkst, dir entgeht vielleicht ein Star für deine Bühne, aber nichts hält dich mehr von deiner eigenen Arbeit und letztendlich von deinem Erfolg ab, als dich um die Belange, Powerplays und Klagen der Diven zu kümmern.

Falle 8: Leute mit kompliziertem Aufenthaltstitel einstellen, ohne die rechtliche Lage zu kennen

Das ist eine Regel für die Städte, in die einfach sehr viele junge Leute aus dem Ausland kommen. Kompliziert wird es für dich, wenn du Leute von außerhalb der EU einstellen möchtest.

Ich habe den schönen Fall gehabt, dass uns ein Head Barista aus Australien von einem Tag auf den nächsten verlassen hat, weil sein Visum abgelaufen, und ihm ein weiterer Aufenthalt verwehrt worden ist. Auch habe ich zum Beispiel nicht gewusst, dass sich unser Lieblingsamerikaner nicht um seinen weiteren legalen Aufenthaltsstatus gekümmert hat. Er hat ohne unser Wissen seinen Reisepass in der Firma versteckt, weil ihm seine WG nicht sicher erschien, und ist obendrein von der Polizei beim Graffitisprühen erwischt worden – und das mit ungültigem Aufenthaltsstatus. Halleluja, ich habe Stunden beim Ausländeramt und beim Zoll verbracht, um das wieder in Ordnung zu bringen.

Werde zum Experten im Aufenthaltsrecht und bespreche genau mit deinen Mitarbeitern, wie deren Aufenthaltsstatus ist. Die Leute sind meist jung und nehmen den Papierkram nicht so genau. Du musst wahrscheinlich einspringen, um ihnen durch den rechtlichen Dschungel zu helfen. Du machst das dann gerne, wenn sie gute Mitarbeiter sind und im Gegenzug langfristig für dich arbeiten.

Falle 9: Nicht priorisieren

Dass man herumrennt wie ein kopfloses Huhn, kann einem leichter passieren, als man denkt. Warum? Man wird tagtäglich mit so vielen Informationen und Situationen konfrontiert und ist in diesem extrem dynamischen Gastronomieumfeld dermaßen gefangen, dass man irgendwann nur noch mit Feuerlöschen beschäftigt ist, wenn man nicht aufpasst.

Du bist so damit beschäftigt, auf all die hereinbrechenden Situationen zu reagieren, dass du es nicht schaffst, dir die nötige konzentrierte Muße zu nehmen, deine Situation zu analysieren, die tatsächlichen Ursachen zu eliminieren und an den wirklich wichtigen Dingen zu arbeiten.

Vielleicht kennst du die Eisenhower-Methode ja schon. Wenn nicht, hier eine kleine Erklärung, wie du priorisieren kannst, um dich und dein Geschäft tatsächlich vorwärts zu bewegen.

Wir erinnern uns: Wir kämpfen gegen Komplexität und Chaos. Eines deiner wichtigsten Tools wird daher sein zu erkennen, was wirklich wichtig ist.

	DRINGEND	**NICHT DRINGEND**
WICHTIG	**1** Krisen Probleme, auf die sofort reagiert werden muss Projekte mit Deadlines	**2** Prävention Beziehungsaufbau Neue Möglichkeiten Langfristige Verbesserungen
UNWICHTIG	**3** Wiederkehrende Tätigkeiten oder Unterbrechungen durch: Telefonanrufe Mails Meetings	**4** zu viel Social Media Junk-Emails Unnötige Telefonanrufe Zeitverschwender

Wenn du dich nur mit Quadrant 1, 3 und 4 der Grafik beschäftigst, läuft etwas schief. Idealerweise befindest du dich als Chefin hauptsächlich in Quadrant 2.

Alles in Quadrant 1 musst du gleich abarbeiten und sofort darauf reagieren. Arbeite in Quadrant 2 daran, dass diese Situationen so selten wie möglich vorkommen. Minimiere oder delegiere alles aus Quadrant 3. Für Quadrant 4 nimm einen großen Besen und befreie dich von Zeitfressern. Als Kopf und Seele deines Unternehmens befindest du dich so oft es geht in Quadrant 2.

Nimm dir einmal in der Woche 30 Minuten Zeit bei einer Tasse Kaffee oder Tee, um deine Prioritäten zu überprüfen und zu setzen. Mit was bist du beschäftigt? Benutze die Eisenhower-Quadranten, um dir klarzumachen, an welcher Stelle du Sachen delegieren, wegwerfen oder besser organisieren kannst. Es gibt Apps dafür, aber nach meiner Erfahrung ist es besser, ganz klassisch Stift und Papier zu benutzen. Schon allein das Ordnen wird dich mit mehr Klarheit und Effektivität belohnen.

Falle 10: Immer alles alleine machen wollen

Wie heißt der Spruch? Selbstständig setzt sich zusammen aus selbst und ständig. Das ist in den ersten Jahren sicherlich der Fall, aber um sich weiterzuentwickeln, muss man auch Verantwortung abgeben können.

Die Punkte 1, 2, 4 und 5 handeln davon und sind eigentlich nur eine Variation dieses Themas. Ja, man ist letztendlich für alles verantwortlich, aber es ist für das Wachstum immens wichtig, dass man sich darauf beschränkt, sich dazu erzieht, die für das Unternehmen wichtigen Dinge zu tun, die nur der Eigentümer tun kann.

Du bist vielleicht ein Ass im Putzen, keiner macht es so gut wie du. Aber es ist niemandem geholfen, wenn du jeden Abend die Bude selber sauber machst, weil du es deiner Meinung nach am besten kannst, während du eigentlich neue Getränke entwerfen oder bessere Preise mit deinen Lieferanten aushandeln solltest.

Kapitel 6
Roadmap to Café or Coffee Shop

Nun kommen wir zum Praxisteil. Du hast sämtliche Vorarbeit geleistet, bist in dich gegangen, hast deinen Entschluss gefasst und es gibt kein Zurück mehr. Du weißt, worum es in der Gastronomie geht, wie du dich aufstellen musst, was dein Konzept ist, was die Erfolgsfaktoren sind und wo die Fallen liegen. Du hast dir Geld beschafft und los kann`s gehen.

Diese Roadmap ist eine ganz praktische Auflistung von Dingen, die bis zur Eröffnung anstehen. Viele Dinge, die du hier siehst, wirst du nicht nacheinander machen, sondern gleichzeitig. Trotzdem liste ich sie in grob chronologischer Reihenfolge auf.

Ich
Konzept
Research
Businessplan
Pitch Deck
Steuerberater/
Buchhaltung/Personalverwaltung

Location
Ämter-Termine
Design innen/außen
Gastraum Feng Shui
Baustelle/Umbau
Kaffeemaschine und Equipment bestellen
Einkaufsliste Kaffeebereich
Geschirrspülmaschine
Kaffeeschulung
Kassensystem
Personal/Interviews
Systeme bauen
Teller, Tassen, Besteck bestellen
Lieferanten, Bestellvorgänge abklären
Reinigungskräfte
Marketing/Social Media
Versicherungen
Ready?
Silent Opening
First Guest
Nacharbeiten und Justieren

Ich
Du bist dir deiner Stärken bewusst, hast dir deine
Ressourcen vergegenwärtigt und deine Schwächen
geschickt kompensiert. Du hast dich entschieden.
Los kann`s gehen!

Konzept

Dein Konzept ist synchron mit deiner persönlichen Botschaft, deinem Warum und deiner Vision. Du hast sie vertrauten Leuten vorgetragen und die finden es klasse.

Research

Dein bester Freund sind jetzt Dr. Google und das liebe Telefon. Alles Mögliche musst du jetzt herausfinden – von Handwerkern über Lieferanten bis hin zu Espressomaschinenhändlern. Du fragst deine Bekannten aus und andere Gastronomen. Keine falsche Scheu: Geh zu den Besten und frag, was das Zeug hält. Sei gründlich! Außerdem verfeinerst du noch dein Produkt, suchst die besten Produzenten für deine Zutaten und probierst Dinge aus. Der Wissenschaftler und Tüftler in dir ist jetzt gefragt.

Businessplan

Ich selbst habe natürlich keinen gehabt, ist ja klar. Aber vielleicht hast du eh schon einen geschrieben, weil du einen Kredit gebraucht hast, oder aber du arbeitest mit einem Gründungscoach zusammen. Gut einen zu haben, um vor allem später zu überprüfen, ob man seine Planziele erreicht hat.

Pitch Desk

Ein Pitch Desk ist eine visuelle Werbebroschüre für deine Geschäftsidee. Dies kann bei potenziellen Vermietern oder Geldgebern das entscheidende Zünglein an der Waage sein.

Steuerberater/Buchhaltung/ Personalverwaltung

Ich selbst habe leider sehr viel Pech mit unseren Steuerberatern gehabt. Entweder sie haben uns falsch beraten, was zu einer Schätzung geführt hat, oder sie sind überfordert gewesen mit dem Wachstum und der Menge der Buchungen und waren deshalb immer zu spät.

Manche sind auch einfach inkompetent gewesen, obwohl sie zu einer sehr teuren und renommierten Anwaltskanzlei gehören. Die Odyssee für hat zum Glück endlich ein Ende gefunden.

Gute intelligente Steuerberater sind wichtig, wenn du planst zu wachsen. Es gibt Steuerberater wie Sand am mehr und die Qualitätsunterschiede sind wirklich erstaunlich. Es reicht nicht, dass der Steuerberater immer up to date ist bezüglich der Steuergesetze, gesetzeskonform deine Buchhaltung in betriebliche Auswertungen umwandelt und dann die Zahlen 1:1 an das Finanzamt weiter-leitet.

Der Steuerberater muss das System so gut kennen, dass er gesetzessicher, kreativ und kombinatorisch arbeiten kann. Er sollte wie ein Unternehmer denken und nicht wie ein Beamter. Der ideale Steuerberater bemüht sich, dein Unternehmen holistisch zu betrachten, und denkt mit. Diese Art Steuerberater haben ihren Preis, sind aber unersetzlich, wenn du wachsen willst – selbst-redend, dass du für eine gute Zusammenarbeit gut zuarbeiten musst. Deine internen Systeme zur Belegverwaltung, zum Überprüfen von Rechnung-en und die Kassenbuchführung müssen schnell und effektiv sein.

In den meisten Fällen wird dich der Steuerberater auch bei der Buchhaltung und der Personalver-waltung betreuen.

Location
Location, Location, Location.
Was soll ich sagen? Es ist schon ein wenig peinlich, wie naiv ich damals gewesen bin. Ich bin froh gewesen, einen Laden gefunden zu haben, den wir mit unserem Konzept dann auch trotz vieler Mitbewerber bekommen haben.

Unseren Vermietern hat zum Glück das Konzept gefallen, und wir sind glücklich gewesen, dass wir in einer der schönsten Straßen Berlins gelandet sind. Was wir Newbies nicht gewusst haben, woran wir nicht gedacht haben:

Wie ist denn überhaupt der Traffic? Wir haben uns blenden lassen von den vielen Gastronomien, die in der Straße etabliert gewesen sind. Wenig ist uns bewusst gewesen, dass während der Woche, außerhalb der Urlaubszeit, in der viele Touristen in die Kastanienallee strömen, dort nicht viel los ist. Auch ist uns nicht klargewesen, dass zu unserem großen Glück sonntags der Mauerpark eine riesige Masse an Leuten anzieht.

An einem sonnigen Sonntag haben wir hinter der Espressomaschine gestanden und plötzlich ist der Laden voll gewesen. Das ist unsere erste Schlange gewesen und ich habe es nicht fassen können, dass so viele Leute für unseren Kaffee anstehen. Die Winter sind im Gegensatz dazu jedes Mal furchtbar leer und angsteinflößend gewesen. Dass das Kundenaufkommen innerhalb eines Jahres so extrem schwanken kann, hätte ich nicht gedacht. Wir haben es immer nur so mit Ach und Krach über den Winter geschafft. Nichts ist so schrecklich wie ein über Stunden leerer Laden.

Wir hätten an einem anderen Standort sicherlich schneller mehr Geld verdient, einfach, weil wir mehr wöchentlichen Traffic gehabt hätten. Warum ist unsere Location trotz extremer Wetterfühligkeit im Nachhinein trotzdem gut für uns gewesen?

Erstens haben viele Kreative in der Gegend gelebt: die Early Adopters. Unsere ersten Gäste sind neugierig gewesen, offen für Neues, Kosmopoliten aus kreativen Berufen. Wir sind mit einer für Berlin neuen Art von Kaffee an den Start gegangen. Und da unsere Kunden gut vernetzt gewesen sind, ist unsere Existenz gleich in den lokalen Medien verbreitet worden. Durch die extremen Schwankungen – nettes Nachbarschaftscafé während der Woche, gähnend leer im Winter, brechend voll am Wochenende und im Sommer, haben wir die Zeit gehabt, Sachen auszuprobieren und zu entwickeln. Wir haben unglaublich viel Research und Development betrieben, uns an den ruhigen Tagen mit den nächsten Schritten befasst und unser Kaffeewissen durch viele Experimente und Testreihen immer weiter vertieft. Wir haben im Kaffeebereich wahre Pionierarbeit geleistet. Die Auswahl unserer Location hat unser Wachstum verlangsamt, aber wir haben dadurch nachhaltiger und tiefgehender lernen können.

Wir haben von den vielen internationalen Gästen profitiert, die den berühmten Mauerpark und die schöne Oderberger Straße besucht haben. Nicht nur, dass sie uns viele Follower und Likes in Social Media beschert haben – sie haben auch unseren Namen über die Grenzen Berlins hinausgetragen.

Ämter-Termine

Lass dir deine Ladenflächen zeitnah abnehmen. Informier dich rechtzeitig, was genau die Anforderungen sind. Wir haben, nachdem wir geöffnet haben, noch Dinge verändern müssen. Klar, wir haben natürlich keine Ahnung gehabt und haben einfach drauflos gemacht: Unser Tisch mit echter Baumrinde, ein echtes Designer-Meisterstück, ist natürlich nicht konform mit den Anforderungen des Hygieneamtes. Die arme Dame vom Lebensmittelamt ist beinahe vornüber gefallen, als sie den Tisch gesehen hat, hat halt super cool ausgesehen, haben wir, jung und ungestüm, gedacht. Weiß man mehr und vor allem eher, erspart man sich ganz grundsätzlichen baulichen Ärger. Wie gesagt, gewisse Abstände und Türen können dir in deinem schönen Ladendesgin dann ärgerlicherweise einen Strich durch die Rechnung machen.

Design innen/außen

Das ist sicherlich auch eine Budgetfrage. Meine alte Firma hat von Anfang an mit Designern zusammengearbeitet, die den Cafés jeweils ein einzigartiges und besonderes Ladendesign beschert haben. Die meisten der Gastronomen sind meiner Erfahrung nach kreative Leute. Viele machen auch einen Laden, gerade weil sie die Talente endlich ausleben wollen, die in ihnen schlummern. Nach meiner Erfahrung ist ein geschulter Designer aber oft besser darin, deine Vision umzusetzen. Solltest du das Budget nicht haben und du liebst es einzurichten, achte auf ein stringentes Designkonzept, achte besonders auf die „Fotogenität" deines Ladendesigns. Lese hierzu nochmal alles zu Marketing und Social Media.

Gastraum Feng Shui

Wir Menschen sind Herdentiere. Viele Dinge laufen rein instinktiv ab und wir haben festgestellt, dass es für viele Menschen wichtig ist, dass der Gastraum nicht zu schnell zu überschauen ist. Rückzugsorte, eine gewisse Nähe zu anderen Gästen und trotzdem seine Anonymität behalten zu können, führen dazu, dass sich der Gast wohlfühlt. Am schlimmsten ist es wohl, wenn sich der Gast – gerade am Anfang, wenn es noch nicht so viele

Gäste gibt – beobachtet und in der gähnenden Leere ausgeliefert fühlt.

Zu viel Leere, eckige Kanten und ein zu schnelles Überblicken der räumlichen Situation löst einen Fluchtinstinkt aus. Abhilfe schaffen Pflanzen, die abschirmen und verdecken, Mobiliar mit Rundungen und eine Sitzanordnung, die unterschiedliche Café-Situationen zulässt. Sie sollte so ausgestaltet sein, dass eine einzelne Person gut sitzen kann, ohne zu viel Platz einzunehmen, Gruppen zwischen 2–4, und dann wieder 4–6 Personen. Es gibt Plätze für jemanden, der nur schnell für einen Kaffee und ein Croissant dableibt, für zwei Freundinnen, die sich intime Dinge zu erzählen haben, für die Gruppe von Freunden, die sich nach dem Urlaub treffen, und für den Freelancer, der an seinem Laptop arbeitet.

Viele Gastronomen mit kleinem Gastraum gestalten ihre Sitzmöglichkeiten mit Absicht etwas unbequem und nicht zu weich. Eine schnellere Rotation der Tische soll so gewährleistet werden. Jemand, der für 2 Euro 90 Euro drei Stunden einen wertvollen Tisch besetzt, an dem ein Pärchen mit einem Frühstück in 30 Minuten 30 Euro Umsatz machen könnte, tut weh.

Willst du Produkte verkaufen, hab sie in Augenhöhe und in direkter Blickrichtung ausgestellt.
Muss der Kunde auch nur eine extra Kopfbewe-
gung machen, um das Produkt zu sehen, wird sich
der Absatz dieses Artikels drastisch reduzieren.
Priorisiere, welche Produkte sofort ins Augenmerk
fallen sollen.

Baustelle/Umbau
Je nach Ambition, Größe und Budget des Projekts
machst du – me, myself and I – entweder selbst
die Bauleitung oder aber beauftragst jemanden,
der das für dich organisiert.

Beim Umbau können viele Sachen schiefgehen,
sich verzögern und Grund für graue Haare sein,
bevor du überhaupt nur einen Kaffee verkauft hast.
Es ist aber auch eine Phase, die viel Spaß macht.
Denn jetzt wird es ernst, es geht darum, deine
Vision physisch umzusetzen. Man kann es mit
den letzten Wochen vor einer Geburt vergleichen.
Wenn du noch nie eine Baustelle geleitet hast,
kann das eine ganz schöne Herausforderung sein.
Ich empfehle bei ehrgeizigeren Projekten, einen
externen Bauleiter anzuheuern, da du gerade in
dieser Phase genug andere Dinge zu tun hast,
so etwas wie Produktentwicklung, Personal an-
heuern, Lieferanten beauftragen etc.

Dir wird allein mit der Kontrolle des Gesamtprojekts der Kopf schwirren. Die kurzen Nächte beginnen jetzt.

Hier ein paar Punkte, die du zu beachten hast: Du brauchst Pläne für Anschlüsse, Steckdosen, Lampen, Starkstrom, Wasser, Zu- und Ablauf. Du brauchst Pläne für den Trockenbau, falls extra Wände, eingezogen werden sollen, außerdem Maler und Fußbodenleger.

- Pläne (müssen natürlich korrekt sein!)

- Zeitplanung: Zeit ist Geld; je schneller du deinen Laden eröffnest, desto schneller kommt wieder Geld rein. Zeitlicher Verzug ist leider normal, rechne mit 1–3 Monaten mehr. Wenn das keine Option ist, solltest du mit einem externen Bauleiter arbeiten. Der hat meist schon Gewerke, mit denen er rgelmäßig zusammenarbeitet, und kann deshalb mehr von ihnen einfordern. Als kleiner Kunde mit nur einem Projekt kann man da schon mal wirklich hängengelassen werden. Warum? Die Gewerke haben genug zu tun, man ist ein kleiner Fisch und wenn man zu viel Stress macht, wird auch mal gern gestreikt oder einfach die Arbeit hingeschmissen. Das ist alles schon vorgekommen.

- Angebote der Gewerke einholen mit Verweis auf die Zeitplanung

- Angebote vergleichen und Gewerke beauftragen: Mach das zügig, denn nach meiner Erfahrung sind die guten mehr als ausgelastet und du musst sie in deinem Zeitplan so schnell wie möglich verbindlich unterkriegen. Takte logisch ein, denn manche Arbeiten müssen vor anderen gemacht werden.

- Umbau mit Überwachung der Zeiten, Qualität und Übereinstimmung mit den Plänen

- Organisation/Problemlösung und Schlichtung von Konflikten sowie Kontrolle des Budgets

- Abnahme der Arbeiten, Kontrolle der Rechnungen

Allgemein ist beim Umbau zu bemerken, dass die Arbeit vor Ort für die Handwerker nur ein Job ist. Sie suchen in der Regel die für sie einfachste Lösung, ohne irgendwelches ästhetisches Feingefühl und ohne für andere Gewerke und deren Arbeit mitzudenken.

Das heißt: Du oder dein Bauleiter müssen vor Ort sein und korrigieren und die einzelnen Arbeiten aufeinander abstimmen. Sachen, die für dich als schönheitsliebender Mensch ganz klar sind wie zum Beispiel Position und Farbe der Steckdosen, Leitungen natürlich nicht genau im Sichtbereich zu verlegen etc. erschließen sich für manche einfach nicht.

Passieren Fehler, wird gern auf andere verwiesen, hier muss man Konfliktmanagement betreiben. Gerne werden auch mehr Stunden als vereinbart aufgeschrieben oder wegen eines anderen für sie wichtigeren Projektes in letzter Sekunde abgesagt. Hab starke Nerven und genieße die Zeit des Frühaufstehens und Baustaubs.

Kaffeemaschine und Equipment bestellen:
Du hast dich für eine sehr gute Espressomaschine entschieden, denn sie wird das Herzstück deines Ladens. Sie ist nicht nur dein Hauptwerkzeug um Geld zu verdienen, und sollte daher robust und zuverlässig laufen, dadurch dass du dich für sie entschieden hast, hast du hiermit auch die Qualität deines Endprodukts gewährleistet. Auch wenn du weißt, dass Qualitiät seinen Preis hat, bist du wahrscheinlich kurz ohnmächtig beim Preis geworden, ein kleiner Trost: Der Wieder-

verkaufswert von Espressomaschinen, speziell Klassikern, ist relativ hoch. Beachte, dass es bei einigen Anbietern lange Lieferzeiten gibt, da sie bei manchen erst nach Bestellung hergestellt werden. Also rechtzeitig darum kümmern! Lieferzeiten für andere größere Anschaffungen könnten länger sein, als du erwartest. Es kann auch immer mal etwas bei der Lieferung dazwischenkommen. Bestelle die Sachen rechtzeitig, aber beachte auch, dass sie irgendwo gelagert werden müssen, falls die Räumlichkeiten noch nicht fertig sind. Check.

Einkaufsliste für den Kaffeebereich:
Espressomaschine, Mühle, Wasserfilter, Milchkühlschrank, Espressomaschinenreiniger, Blindfilter, Bürste, Pinsel und kurzen Schraubenzieher zum Reinigen der Espressomaschine, Tamping Matte, Waage, Sudschublade oder Abklopfbox, Milk-Rinser, Milchkännchen, Mikrofasertücher zum Sauberwischen des Arbeitsplatzes während des Tages.

Geschirrspülmaschine:
Kaufe lieber eine hochwertige Profimaschine. Wenn der Spülvorgang nur zweieinhalb Minuten dauert und das Spülergebnis top ist, spart das Personalkosten, und nichts ist so nervig, wie dein System nach einer zu langsamen Geschirr-

spülmaschine zu kalibrieren. Alle erfolgreichen Betriebe haben genau aus diesem Grund eine teure, dafür´ aber robuste und schnelle Spüle. Besorge großzügig viele Geschirrhandtücher zum Nachtrocknen und Polieren.

Kaffeeschulung

Wenn du ein Café eröffnen willst, wäre es natürlich ratsam zu wissen, wie man Kaffee macht. Viele unterschätzen das nötige handwerkliche Können des Baristas und denken, dass nach dem Kauf der Kaffeebohnen der Kaffee von ganz allein perfekt aus der Espressomaschine kommt.

Nein, das tut er nicht! Du machst in Kaffee? Dann kenne dein Handwerk. Du musst ja nicht gleich der neue Deutsche Barista-Meister werden, aber dein Produkt zu kennen und auch zu wissen, wie man es optimal zubereitet, ist doch nicht zu viel verlangt, oder? Also buche eine Barista-Schulung bei deiner örtlichen Kaffeeschule, oder absolviere ein Training bei deinem lokalen Röster.

Das kann richtig Spaß machen und für deine Lernkurve gibt es kein Limit nach oben. Bist du ehrgeizig und talentiert und übst fleißig in deinem eigenen Laden, könnte es schon sein, dass du zuerst den besten Kaffee der Straße, dann des Viertels und vielleicht später auch der Stadt machst. Kaffee mit aufgeschäumter Milch verzieren zu können, ist eine Kunst und bereitet deinen Gästen wirklich Freude.

Kassensystem

Ja, das liebe Kassensystem: Es gibt sehr viele verschiedene Optionen und die meisten tendieren inzwischen zu einer cloudbasierten Variante. Die neueren machen dir schöne Auswertungen, die aufwendigeren geben dir in Kombination mit der Kontrolle von Arbeitsstunden der Mitarbeiter und Umsatz in deren Schicht ein gutes Controlling-Werkzeug an die Hand. Die aufwendigeren können aber zu kompliziert und aufwendig für ein kleines Café sein.

Die Größe deines Geschäfts ist also ausschlaggebend für deine Wahl. Achte darauf, dass sie finanzamtkonform ist und dich durch einfache Bedienung und Verlässlichkeit unterstützt. Aufgepasst bei Leasingangeboten – überprüfe, ab wann die Kasse abbezahlt ist und es sich vielleicht lohnt, den Vertrag zu kündigen und eine neue Kasse anzuschaffen! Oft finanzieren sich die Kassenaufsteller zudem damit, dass man die Bon-Rollen bei ihnen kauft.

Personal/Interviews

Stelle nach Charakter ein. Grundsätzliche Eigenschaften wie Sauberkeit, Pünktlichkeit und Ehrlichkeit sind ausschlaggebend. Oft ist das wichtiger als beispielsweise die Fähigkeiten als Barista.

Bilde gute Leute aus, alles ist erlernbar, aber der Charakter ist, wie er ist. Finde so viel wie möglich über die Lebenssituation der Bewerber heraus. Erzählt sie oder er, bald eine Weltreise zu planen, lohnt sich für dich die Einstellung nicht. Es dauert übrigens ungefähr zwei Monate, bis sich der wahre Charakter und die Lernfähigkeit einer Person zeigt. Achte auf Probezeiten und befristete Verträge. Es ist nicht alles, wie es scheint, und vielleicht hast du wie ich nicht immer die beste Menschenkenntnis. Da ist es gut, sich abzusichern.

Systeme bauen

Das fängt schon bei der Bauplanung an. Benutze Kreppband und klebe die Umrisse des Tresens auf den Boden. Du vergegenwärtigst dir damit die Position. Wo ist der Kühlschrank? Wo ist die Kasse? Wo sind die Waschbecken? Wie viel Schritte muss ich gehen, um die einzelnen Arbeitsschritte zu vollziehen? Bedenke: Jeder weitere Schritt bedeutet mehr Arbeit und höhere Personalkosten. Ist alles einfach von einer Position aus zu erreichen? Ist der Arbeitsablauf logisch? Hast du genug Durchgänge oder hast du wegen des schicken Designs unnötig weite Laufwege?

Teller, Tassen, Besteck bestellen

Auch bei Tassen gibt es Lieferzeiten zu beachten. Kauf nicht die billigsten, sondern lieber dickwandige von hoher Qualität. Die kosten zwar mehr, ersparen es dir aber, ständig kaputte zu ersetzen. Die gehen ja immer dann gern zu Bruch, wenn der Laden brummt und ein hohes Stresslevel da ist. Solche „Kleinigkeiten", wie zerbrochenes Geschirr zu ersetzen, sind übrigens in ihrer Addition genau die Sachen, die dich im Hamsterrad bleiben lassen. Die guten Tassen sehen auch nach 1000 Wäschen noch aus wie neu und gehen eben nur in den seltensten Fällen kaputt. Da du ja schon in eine gute Geschirrspülmaschine investiert hast, brauchst du auch weniger Tassen, da du sie schneller rotieren kannst. Meist genügen zwei Mal so viele Tassen, wie auf deine Espressomaschine draufpassen. Das sind rund 30 Tassen. Espressotassen werden oft weniger gebraucht, also weniger davon bestellen. Je nach Menü kommen vielleicht noch andere Tassengrößen und Gläser hinzu. Ich empfehle, die verschiedenen Tassengrößen zu beschränken. Denn erinnern wir uns: Unser Feind ist

Komplexität und jeder weiterer Faktor erhöht die Chance auf Chaos und Verfall.

Viele verschiedene Tassengrößen sind vielleicht noch in einem gut organisierten Laden zu bewerkstelligen, aber die dazugehörigen unterschiedlich großen Untersetzer sind zum Mäusemelken. Ich weiß nicht warum, aber es scheint ein ähnliches Phänomen wie das Verschwinden von Socken zu sein: Nach einiger Zeit fehlen mysteriöserweise von einer Größe sämtliche passenden Untertassen. Und weil du ja so beschäftigt bist, fällt es dir erst zu spät auf. Du rufst beim Lieferanten an, aber die Produktion der Unterrassen ist gerade eingestellt wollen oder sie können nur in Hunderterpaketen gekauft werden und du brauchst nur zehn. Du wartest also und denkst über deine Optionen nach. In der Zwischenzeit – denn „the show must go on" – werden die Espressotassen von deinen Angestellten auf zu große Untertassen gestellt, die rutschen beim Servieren hin und her. Es ist viel los, die Espressotasse fällt in einer hastigen Bewegung runter und spritzt dabei das neue Kleid einer Kundin voll. Et voilà, du hast einen verärgerten Kunden, der verständlicherweise die Reinigung bezahlt bekommen möchte, und plötzlich musst du nicht nur.

1. den Boden sauber machen,
2. neue Untertassen besorgen,
3. die Espressotasse ersetzen,
4. deine Haftpflichtversicherung anrufen und durch viele E-Mails hin und her den Schadenfall bereinigen.

Nein, du hast an diesem Tag den Flow deines Ladens unterbrochen. Du siehst, wie banale Kleinigkeiten unglaublich viel Energie fressen können. Ganz vermeiden lassen sich solche Sachen natürlich nicht. Aber wenn du sie durch weniger Faktoren minimieren kannst und es nicht die Qualität der Kundenerfahrung vermindert, dann tu es! Konsequent!

(Am besten ist es kleinere Schäden schnell selbst zu bezahlen, die Abwicklung mit der Versicherung würde man deine Arbeitsstunden berechnen, lägen auf jeden Fall höher.)

Die gastronomische Erfahrung ist natürlich auch hochwertiger und genussvoller mit guten Tellern, Tassen und Besteck. Gerade bei Tassen, da sie so oft gewaschen werden, lohnt sich gute Qualität. Auch wenn es wehtun mag, die paar Euro mehr in gute Teller, Tassen und Besteck zu investieren, deine Kunden werden es dir danken.

Ja, das kann auch vorkommen: Wir haben so schöne Kaffeelöffel von WMF gehabt, dass sie regelmäßig geklaut worden sind. Hast du einen Laden mit sehr viel Traffic und es wird viel geklaut, heißt es also abzuwägen.

Lieferanten, Bestellvorgänge abklären

Kläre schon vorher die Bestellvorgänge, Lieferzeiten und Bedingungen. Hier könntest du auch dein Verhandlungsgeschick testen und nach besseren Konditionen fragen.

Reinigungskräfte

Wir hatten das Glück, dass unser Reinigungspersonal auch die guten Seelen unseres Unternehmens waren und bis heute ein sehr wichtiger Teil des Teams sind. Denk auch hier langfristig. Ihnen fällt vieles auf, das vielleicht deinen Augen entgeht. Sie können eine sehr wertvolle Informationsquelle sein. Unsere langjährige gute Seele hat zum Beispiel eine hervorragende Menschenkenntnis. Ihre Meinung ist mitunter ausschlaggebend dafür gewesen, ob jemand hat bleiben dürfen oder nicht.

Marketing / Social Media

Für meine ehemalige Firma ist Social Media unglaublich wichtig. Nicht nur, dass die Spezialitätenkaffeeszene sehr international und durch Social

Media sehr gut vernetzt ist – hier ist es auch, wo man mit der Szene und ihren Trends in Verbindung bleibt, Inspirationen schöpft und sich über DM (Direct Message) austauscht. Auch ist es eine ausgezeichnete Plattform, um mit seinen Kunden in Kontakt zu bleiben. Beim ersten Laden ist es eher Zufall gewesen oder zumindest haben wir es damals noch nicht gewusst, wie „instagrammable" unser Laden ist, bis wir mit Erstaunen festgestellt haben, wie viele internationale Gäste Fotos von sich im Laden gepostet haben. Bei der zweiten Location ist es folgerichtig ein wichtiges Kriterium geworden, wie dieser Ort uns als Marke über Social Media kommuniziert. Mein ehemaliger Geschäftspartner, dem wir die vielen Follower zu verdanken haben, hat das schon ganz richtig gesehen. Cafés sind heute mehr denn je Bühnen der Selbstinszenierung und dafür muss der Ort visuell etwas hermachen.

Um in der digitalen Welt zu bestehen, ist es also heute sicherlich nicht verkehrt, sich in die Situation eines Gastes oder Touristen zu versetzen. Sind das Interieur, das Geschirr, die Terrasse, meine Mitarbeiter und meine Produkte, die Anrichtung meiner Speisen und Getränke in einer Art und Weise, dass Leute spontan Fotos davon machen wollen? Stimmt nicht nur der Inhalt, aber ist es auch ein Augenschmaus?

Die Ansprüche sind unglaublich gestiegen, die Anforderungen an den heutigen Gastronomen sind meiner Meinung nach noch nie so hoch gewesen. Also auch hier ein Tipp an dich, denn ich möchte dich auf das harte Leben mit eigenem Café, so gut es geht, vorbereiten:

Mach es visuell so ansprechend, wie es nur geht. Die Leute sind, was die visuelle Qualität von Bildern angeht, sehr verwöhnt. Mach deinen Laden einzigartig, sieh ihn dir aus dem Blickwinkel eines Fotografen oder Bloggers an. Würdest du dein Essen vor Begeisterung und als Erinnerung fotografieren und online teilen? Betrachte deinen Laden aus verschiedenen Perspektiven: Ist er von jeder Ecke aus gut zu fotografieren? Könnten ein paar Pflanzen, ein paar Dekorationsobjekte das Gesamtbild aufwerten?

Versicherungen
Du brauchst eine Betriebshaftpflichtversicherung, eine Inhaltsversicherung und eine Rechtsschutzversicherung. Ich bin kein Fan von zu vielen Versicherungen, aber die oben genannten sind ein Muss.

Ready?

Alle Genehmigungen eingeholt?

Funktionieren alle Geräte?

Sind alle Arbeitsabläufe klar?

Gibt es genug Lagerfläche?

Preise kalkuliert? Designed?

Steuersätze mit dem Steuerberater geklärt?

Kasse programmiert?

Menükarte und Menü-Board fertig?

Genug Kühlflächen? Arbeitsflächen?

Lieferanten rechtzeitig mit einbezogen?

Erstbestellung rechtzeitig aufgegeben?

Alle Produkte getestet?

Genug Schlüssel nachmachen lassen?

Silent Opening

Natürlich ist man stolz und möchte gern die Eröffnung mit allen teilen, aber ich kann nur eine Silent Opening empfehlen. Es dauert in 90 Prozent aller Fälle länger mit den Bauarbeiten, als man denkt, du bist total erschöpft und gestresst und hast keine Energie mehr, weil du in den letzten zwei Wochen vor Eröffnung schon alles gegeben hast. Du musst noch tausend Sachen erledigen und dann sollst du noch eine Party organisieren, wo du doch schon vor Müdigkeit kaum noch geradeausgucken kannst. Außerdem funktioniert alles noch nicht so, wie es geplant ist. Wer kann da schon die Party genießen, wenn du das alles noch im Hinterkopf hast?

Es braucht Zeit, bis sich das Team eingespielt hat, bis all die letzten Dinge angekommen sind, die Kasse programmiert, die Menükarten fertig, die Gerichte und der Kaffee so sind, wie du dir das vorgestellt hast. Feiere die Eröffnung erst groß, wenn du aus dem Gröbsten heraus bist.

First Guest

Es soll Glück bringen, das erste Geld, das man einnimmt, aufzubewahren. Eine schöne Tradition wie ich finde. Unseres stammt von einer jungen Frau mit Rastahaaren und wurde eingerahmt.

Nacharbeiten und Justieren

Nach der Eröffnung fängt die eigentliche Arbeit erst an. Du wirst nacharbeiten müssen, weil sich in der Praxis zeigt, dass vieles doch anders ist als gedacht. Vielleicht verabschiedest du dich von Produkten, bei denen sich herausstellt, dass sie zu aufwendig in der Zubereitung sind und sie eh kaum bestellt werden. Vielleicht merkst du, dass eine bestimmte Getränkemarke besser ankommt und du bestellst weitere Sorten. Oder du bemerkst, dass die Leute zu schnell an deinem

Laden vorbeilaufen und investierst noch mal in Außenwerbung.

Beobachte und teste aufmerksam, was funktioniert und was nicht. Bleib flexibel, agil und verändere, was du verändern musst, um bessere Ergebnisse zu erzielen.

Du merkst, der Raum wirkt zu kühl, die Gäste fühlen sich nicht wirklich wohl? Vielleicht helfen ein paar Kissen. Es hakt bei den Bestellungen, weil dein Personal nur Englisch oder nur Deutsch spricht, also organisierst du einen kleinen Sprachkurs. Diese stetigen Verbesserungen umzusetzen ist ein ständiger Prozess. Nach ein paar Monaten hat sich hoffentlich ein Optimum eingependelt, nach ein paar Jahren hast du es perfektioniert.

Dann wird es Zeit, entweder weitere Locations zu eröffnen oder dich anderweitig zu verbessern.

Kapitel 7
Mein Freund, der Kunde

Du als Café-Besitzer und Gastronom bist vor allem eins: Gastgeber. Da lohnt es sich schon mal, sich in die Situation deiner zukünftigen Kundinnen und Kunden zu versetzen.

Wie werden sie sich im Raum fühlen, wie werden sie das Angebot finden? Was für eine Erfahrung werden sie bei dir haben?

Schon allein dieser einfache Perspektivwechsel bringt mehr Klarheit darüber, was du zu tun hast, um eine Welt zu schaffen, die die Leute anzieht. Ich habe es immer hilfreich gefunden, unsere Kunden als Freunde zu betrachten: Du willst das Beste für sie, möchtest, dass sie sich wohlfühlen, kannst aber auch du selbst bleiben und von deinen Freunden Freundlichkeit, Fairness und Respekt erwarten. Man begegnet sich auf Augenhöhe. In manchen Betrieben kann sich leider so etwas wie Wir-gegen-die-Kunden-Einstellung einschleichen, was natürlich keinen Sinn macht, da man ja vom Umsatz der Kunden abhängig ist.

Die berühmt-berüchtigte Berliner Unfreundlichkeit im Service ist im Zeitalter von Online-Bewertungen und Sozialen Medien nicht mehr zeitgemäß. Achte darauf, dass deine Servicekräfte eine positive Einstellung zum Kunden haben und du bist natürlich das Vorbild. Deine Mitarbeiter adaptieren schnell deine vorgelebte Attitüde.

Frag vielleicht auch mal Freunde und Familie, inkognito vorbeizukommen, um ein objektiveres Bild über die Qualität deines Services zu bekommen. Es könnte sein, dass sich alle, sobald du in Erscheinung trittst, wirklich aufmerksam um alles kümmern, und sobald du ihnen den Rücken zudrehst, passiert etwas ganz anderes. Sollte das der Fall sein, nimm es nicht persönlich, sondern arbeite nach oder ziehe Konsequenzen.

Kapitel 8
Meine Angestellten als Kunden

Wenn du deine Angestellten als Kunden betrachtest – was für einen veränderten Blickwinkel hast du dann auf sie? Was ist der Mehrwert für deine Angestellten, bei dir zu arbeiten, außer dem Geld? Als Autor deines eigenen Skripts und mit dem Wissen, dass in unserer heutigen Zeit Lifestyle und die Inszenierung unseres Lebens eine wichtige Rolle spielen – wie gestaltest du bewusst deren Arbeitsumfeld?

Wie sollen sich deine Mitarbeiter bei der Arbeit fühlen? Was ist das Beste, das du dir vorstellen kannst? Was würden sie sich wünschen?

„Sehe ich in dem Umfeld, in dem ich arbeite, cool aus? Ist die Umgebung so, dass ich stolz darauf bin, hier mit meiner Person dafür zu stehen? Wie bedeutsam ist meine Arbeit? Was ist der Mehrwert meiner Arbeit? Habe ich ein attraktives soziales Umfeld? Was ist mein Wachstumspotenzial? Was lerne ich hier fürs Leben? Was ist der soziale Benefit, den ich habe?"

Die Identifikationsfähigkeit ist dein Kapital, um Mitarbeiter langfristig an dich zu binden und ein attraktiver Arbeitgeber zu sein.

Es ist ein Balanceakt und eine Kunst, genau das richtige Gleichgewicht für die Leistung zu finden, die dein Team stemmen soll. Du musst für dein Geschäft herausfinden – und das ist abhängig von der Größe und der Produktauswahl deines Ladens –, was das perfekte Arbeitspensum ist. Es gibt dabei ein optimales Verhältnis: Das Team muss sich gefordert fühlen, nichts ist schlimmer als Bore-Out; so ist eine zeitlich begrenzte Überarbeitung immer einer Unterforderung vorzuziehen. Warum? Wenn Leute unterfordert sind und es nichts gibt, auf das sie sich wirklich konzentrieren müssen, können sich außer fehlender Motivation und Langeweile auch gruppendynamische Machtspielchen entfalten. Manche Leute haben es leider in sich: Sie fangen an, Intrigen zu schmieden, wilde Theorien und Meinungen zu verbreiten, Lager zu bilden und letztendlich Kollegen zu mobben. Aus meiner eigenen Erfahrung kann ich berichten, dass bei zusätzlich schwacher Führung eine Person das ganze Unternehmen vergiften kann.

Also: Fordernde Arbeit ist nicht grundsätzlich negativ zu betrachten, ganz im Gegenteil. Das

Team in der Leistung herauszufordern, ist mehr mit einem Training zu vergleichen, das einen an seine Leistungsgrenzen bringt und einem nach seiner Schicht in dem Wissen, alles gegeben zu haben, das befriedigende Gefühl gibt, wirklich etwas geleistet zu haben. Gleichzeitig darf das Arbeitspensum nicht zu chronischer Überforderung führen. Der Dauerstress und eine konstante Überlastung sind schlecht für die Qualität, die Gesundheit und auch die Atmosphäre. Der Stress deines Personals kann sich leicht auf deine Gäste übertragen. Es kommt dann vielleicht sogar zu Auseinandersetzungen und Konflikten.

In meiner alten Firma haben wir es geschafft, eine Gruppe von Leuten zusammenzubringen, die die Leidenschaft für Kaffee teilen, auch untereinander befreundet sind, aber dennoch so verschieden sind, dass es anregend und interessant ist, zur Arbeit zu kommen. Bring immer wieder mal neue Themen ein, fordere Leistung, lobe ausgiebig, wenn etwas gut gelaufen ist, wähle Leute aus, die zueinander passen, aber trotzdem verschieden genug sind, um eine gesunde Teamdynamik zu erzeugen.

Aufgepasst:
Du hast es erreicht: Deine Angestellten, alle in deinem tollen Team, sind glücklich, lieben den

Laden, sie identifizieren sich mit aller Leidenschaft und du hast ihnen offensichtlich attraktive soziale Benefits beschafft. Du bist mit allen kameradschaftlich verbunden. Jetzt könnte doch alles in Butter sein. Nur passiert nun Folgendes: Es gefällt deinem Team so gut, dass sie nach der Arbeit noch an einem extra Tisch oder auf der Terrasse verweilen, ihre Freunde kommen noch vorbei, und eh du dich versiehst, hat sich eine richtige Clique um dein Café herum gebildet.

Was nun in den Augen des Kunden passiert, ist, dass er in einen Raum kommt, der schon okkupiert ist von einer geschlossenen Gruppe. Er spürt irgendwie – und das ist ein unbewusster Prozess –, dass er ein Eindringling in dieser Gruppendynamik ist. Er spürt, dass es nicht mehr vornehmlich um ihn geht, sondern darum, dass die Teilnehmer der Gruppe hauptsächlich mit sich selbst beschäftigt sind.

Das ist gar nicht gut für das Geschäft. Der Gast fühlt sich nicht mehr eingeladen. Er weiß nicht einmal warum, aber er fühlt sich nicht mehr zu deinem Café hingezogen, weil er keine Lust dazu hat, mit diesem unguten Gefühl konfrontiert zu werden, ein Eindringling zu sein.

Diese Clique wird schließlich immer größer und sitzt immer länger in deinem Café, breitet sich und ihren Einfluss immer mehr aus und du wunderst dich, dass bei der ganzen guten Stimmung trotzdem deine Umsätze stagnieren. Die Gruppe ist wichtiger als der Gast und das Café geworden.

Hab deshalb strenge Regeln! Gerade bei einem jungen Team erzeugt das Cliquengefühl Selbstbewusstsein, man fühlt sich cool und sicher. Das hat aber so nichts in deinem Laden verloren. Hier wird professionell abgeliefert, Freundschaften und so weiter werden außerhalb gepflegt. Regeln, um den entgegenzuwirken, könnten sein: nicht mehr als zwei Kollegen an einem Tisch, keine Zusammenrottung nach Ende der Schicht. Nach Arbeitsschluss muss man gehen. Kunden werden immer sofort angesprochen, Teamgespräche finden nur außerhalb der Öffnungszeiten statt.

Das Café ist heilig und gehört den Kunden, alle Beteiligten sind professionell und verhalten sich serviceorientiert. Das ist nicht das Wohnzimmer deines Teams. Vielleicht organisierst du soziale Zusammenkünfte außerhalb der Geschäfts- und Arbeitszeiten, um all dem, was durch die positive Zusammenarbeit deines Teams passiert, einen angemessenen sozialen Rahmen zu geben.

Leadership und Wachstum

Die größte Herausforderung wird es sein, sich verantwortlich für das Wohlergehen deines Teams zu zeigen. Du wirst anders denken, handeln und fühlen als in der Zeit, in der du nur unmittelbar für dich selbst verantwortlich gewesen bist. Viele vergleichen das mit Kinderkriegen: Man ist nicht mehr das Zentrum der Welt. Vorher hat es Vorgesetzte gegeben, die an allem schuld gewesen sind. Jetzt bist du diejenige, die gestalten kann und auch für andere mitgestaltet. Der Organismus „Mein Café" – dieses lebendige, atmende Ding, das du in die Realität geholt hast –, braucht deine volle Aufmerksamkeit. Die Verantwortung hört nicht auf, du wirst die ersten Jahre immer „on" sein und in der Gesellschaft eine andere Position einnehmen. Du wirst, ob du willst oder nicht, als Person wachsen, über das hinauswachsen, was du gedacht hast, was möglich wäre. Du wirst weniger schlafen und essen, mehr Stress bewältigen, mehr emotionale Extremsituationen erfahren und mehr Herausforderungen meistern, als du jemals geahnt hättest. Du wirst cooler werden und hoffentlich eine bessere Version deiner selbst.

Das Gastronomieleben ist sehr stressig, manche meiner Kollegen sind im ständigen Fight- oder Flight-Modus. Manche verbittern oder haben sich mit der Zeit ein so dickes Fell zugelegt, dass man die wahre Person kaum mehr darunter erkennen kann. Das wünsche ich mir nicht für dich.

Ich wünsche mir für dich, dass du das quirlige Gastronomieleben genießen kannst, du durch die Arbeit nicht verhärtest, sondern stärker wirst, du zu einem Community-Leader für den Teil deiner Stadt wirst.

Ich wünsche mir für dich, dass sich deine Arbeit positiv auf das große Ganze unserer Gesellschaft auswirkt. Ich selbst habe mir über die Jahre eine Persona zugelegt, eine Rolle gespielt, die am Ende nicht mehr viel mit dem zu tun gehabt hat, wie ich wirklich sein will und bin.

Meine damalige Unsicherheit und dabei insbesondere, dass ich mir das nicht eingestehen konnte, hat letztendlich dazu geführt, dass ich mich in einigen Bereichen nicht habe weiterentwickeln können. Man muss durchlässig sein für neue Informationen und das geht nur, wenn man sich selbst gegenüber Schwächen und Fehler eingestehen kann und mutig genug ist, stark *und* verletzlich zu sein.

Wachstum heißt zu lernen und dadurch mehr zu werden, als man sich hat vorstellen können. Es bedeutet, weiser, größer und intelligenter zu werden und eine tiefere Persönlichkeit zu entwickeln. Das ist mein Fazit aus über zwölf Jahren Cafébetrieb. Ich hätte meiner früheren Version gern gesagt: Manchmal weiß man nicht weiter, na und, das ist doch kein Grund, gleich an sich zu zweifeln oder zu verzweifeln. Heute ist Hilfe in den meisten Fällen nur eine Google-Abfrage weit entfernt. Nur den Glauben musst du schon haben: Es gibt eine Lösung, es gibt einen besseren Weg.

Lernen und Wachstum sind nicht einfach, oft wird man aus seiner Komfortzone gestoßen, muss alte liebgewonnene Denk- und Verhaltensmuster aufgeben und seine eigene Rolle und Persönlichkeit überdenken. Aber genau das ist meiner Meinung nach die Aufgabe eines jeden, der Verantwortung für sich und andere übernimmt.

Die Gastronomin und der Gastronom erschaffen Räume, in denen Menschen sich begegnen können. Sie versorgen ihre Mitmenschen und erschaffen erst die Bühne, um das Leben in einer Stadt erleben zu können. Sie erschaffen Orte, an denen man das Leben zelebriert oder inzwischen auch oft auf eine neue Art und Weise arbeitet. Hier kann man Community und Nachbarschaft erleben, miteinander frei kommunizieren und sich austauschen. Das Café ist ein Ort in dem spontane Begegnungen passieren können und neue Bekanntschaften und Freundschaften entstehen. Gastronomen bieten uns einen Raum, in dem man philosophiert, Ideen hat, inspiriert wird, sich auftankt und sich in Kontakt fühlt mit den Menschen. Sie erschaffen menschliche Nähe und Treffpunkte in einer ansonsten unpersönlichen und anonymen Stadt. Viele der neuen Gastronomen sind sogar Kulturschaffende und verändern mit ihrer Arbeit unsere Sicht auf Nahrungsproduktion, Nachhaltigkeit, Gesellschaft, Kunst und Handwerk.

Das verdient Anerkennung und Respekt gegenüber der unermüdlichen Arbeit der Gastronomen. Sie erst erwecken unsere urbane Existenz zum Leben. Und sie arbeiten hart und mit Leidenschaft daran.

Es geht den wenigsten ums Geld, sondern um die Lust und Freude, ihre Welt mit uns zu teilen. Ihre Aufgabe für unsere Gesellschaft als Agenten des menschlichen Miteianders ist gerade in unserer heutigen Zeit immens wichtig und wird meines Erachtens viel zu wenig gewürdigt.

Kapitel 9
Gastronomie ist, was du denkst

Zurück zum Anfang: Deine rosarote Brille, deine Naivität und Unwissenheit sind nun hoffentlich eingetauscht in einen klaren, scharfen Blick auf die Welt der Gastronomie.

Willkommen in der rohen und rauen Realität, in der dir der Wind um die Nase weht, du die Sonne auf deinem Gesicht spürst und du auch mal pitschnass vom Regen wirst. Du bist den Elementen ausgesetzt.

Aber da du das ja jetzt weißt, kannst du, lieber Bühnenautor, Regisseur, Dekorateur, Promoter, Künstler, liebe Geschäftsfrau und Akteurin des guten Geschmacks auch mit mehr Gründlichkeit, Fokus und Achtsamkeit dein Vorhaben planen und angehen.

Denn hier ist es, das kleine Geheimnis, das ich dir am Anfang nicht habe preisgeben wollen: Das Gastronomieleben ist wunderbar! Sobald es funktioniert und du dich wie ein freies Radikal um dein Geschäft herumbewegen kannst. Wenn du es geschafft hast, nicht an dein Geschäft gekettet zu sein und alles läuft wie ein Uhrwerk. Dann hast du dir eine Welt gebaut, wie sie dir gefällt.

Meist kommen die Leute, um sich selbst zu belohnen, um etwas zu feiern oder um Pause zu machen. Man hat Hunderte von positiven Mikrokontakten wie ein Like auf deinem Social-Media-Feed, eben dann aber „in echt".

Du wirst jeden Tag neue Leute treffen, andere besser kennenlernen, Gespräche haben, philosophieren, schnabulieren, Gastgeber sein, einladen, Stimmung machen und dich herrlich am Leben fühlen. Du hast eine hohe Lebensqualität, auch wenn du wahrscheinlich nicht reich bist. Dein Leben ist dynamisch und trotzdem bist du verankert in der Gesellschaft. Du und dein Laden bringen den Menschen Freude.

Und das ist dann manchmal die Arbeit und all die Mühe schon wert. Darum ist es dir ja von Anfang an gegangen. Du hast es geschafft deinen eigenen Lifestyle zu erschaffen und lebst jetzt darin. Du teilst ihn mit deinen Gästen und das ist dir die ganze Reise wert gewesen.

Kapitel 10
Das Coffee Shop Manifest

1. Erkenne dich selbst.
2. Hab ein höheres Ziel.
3. Meistere Entropie.
4. Schaffe Werte.
5. Kreiere Erfahrungswelten.
6. Kenne deine Produkte.
7. Kenne dein Handwerk.
8. Inszeniere Einzigartigkeit.
9. Mach Marketing.
10. Bau Systeme, die halten.
11. Hab die Finanzen im Griff.
12. Arbeite mit Profis.
13. Sei ein Team-Leader.
14. Teste, ob es funktioniert, arbeite mit dem, was funktioniert.
15. Entwickele dich weiter.
16. Sei ein Agent des menschlichen Miteinanders.

start

Schlussworte

Ich wünsche dir viel Erfolg auf deinem Weg.
Ich hoffe, ich habe dir ein paar interessante
Denkanstöße geben können. Über die Zeit
werde ich dir weitere Ressourcen, Beiträge,
Tips und Links für deinen Erfolg auf meiner
Webseite bereitstellen.

www.coffee-shop-business.com

Möchtest du direkten Kontakt und Hilfe für
deine Projekte, kontaktiere mich gern unter:
contact@coffee-shop-business.com
oder buche ein kostenfreies Erstgespräch über die
Webseite für meine Life-/ und Businesscoachings
für Gastronomen.

Ich freue mich, von dir zu hören!

Yumi

Printed in Poland
by Amazon Fulfillment
Poland Sp. z o.o., Wrocław

62391414R00092